Estrategias para Vivir de las Inversiones

Hágalo Usted Mismo

Will y Fog

22/03/2024

Dedicado a todos aquellos que trabajan, ahorran, e invierten.
Que se sienten aislados y solo obtienen información limitada.
Intentemos no estar todos reinventando la rueda.

Índice General

Capítulo 1. Introducción

En este primer capítulo vamos a comentar a quién va dirigido este libro y qué puede aportarle a usted.

1.1. La Situación Inicial del Lector

Este libro parte de la situación inicial en la que un inversor ha acumulado una cierta cantidad de capital.

Esto puede haber sucedido de golpe: por haber vendido una empresa, por haber recibido una herencia, por haber ganado la lotería, etc. O puede haberlo obtenido tras largos años de ahorro e inversión.

No importa cómo hemos llegado a acumular ese patrimonio. Lo importante es que ese patrimonio se invierte y proporciona una rentabilidad.

Nosotros hemos dedicado muchos años a trabajar, ahorrar, e invertir. Invirtiendo además de manera pasiva, sencilla, y transparente. Nuestro estilo de inversión está muy influenciado por la comunidad "Bogleheads", en honor a John (Jack) Bogle[1], que impulsó mucho esta forma de invertir para el ciudadano corriente. Esto está comentado en nuestros libros,[2] nuestro blog "Los Revisionistas",[3] y en foros como "Bogleheads.es".[4]

Sin embargo, usted puede invertir en bolsa siguiendo otras estrategias (cartera permanente, dividendos, inversión en valor), o inversión inmobiliaria, o invertir en start-ups, etc.

Pero la idea es la misma para todas estas estrategias. Desde un punto de vista financiero hay un capital invertido que proporciona una rentabilidad.

Por lo tanto, este libro está escrito considerando que usted:

- Tiene un capital acumulado,
- tiene una cartera invertida, y
- tiene unos conocimientos financieros básicos.

1.2. ¿Por Qué Hemos Escrito Este Libro?

Comparado con la información que se puede encontrar en otros libros y webs, este libro aporta lo siguiente:

- La mayor parte de la información que aquí encontrará está disponible en inglés, porque es en EEUU donde surgió y donde hay mayores incentivos para que cada cual se construya su propia pensión de jubilación. Sin embargo, este libro quiere llegar a la comunidad hispanohablante, por lo que esta información ha sido traducida.

- Como este tema está habitualmente tratado desde una perspectiva estadounidense, peca del llamado *home bias*, que consiste en que el inversor se centra en su propio país, asignando poca importancia al exterior. Esto tiene cierto sentido para alguien de EEUU, porque las empresas de EEUU representan casi el 2/3 de la capitalización de las empresas del mundo desarrollado. Para ellos, invertir en EEUU es sencillo, barato, y razonablemente equivalente a invertir en la economía del mundo. Sin embargo, como veremos, no es exactamente lo mismo invertir en EEUU que en el mundo entero. En este libro nos enfocamos en inversiones globales, invirtiendo en índices mundiales como:

  - *MSCI World*, índice creado por *Morgan Stanley Capital International*,[5]

  - *FTSE Developed World*, índice creado por *Financial Times Stock Exchange*,[6] y

  - *FTSE All-World*, similar a los anteriores, pero a diferencia de ellos este incluye empresas de países emergentes además de los desarrollados.[7]

- Hay mucha información disponible, pero puede ser difícil de encontrar y estar desorganizada. Este libro la presenta gradualmente, bien justificada, y con una visión de conjunto. Se crean multitud de diagramas y se proporcionan explicaciones detalladas.

- Existen artículos del mundo académico que tratan este tema, pero salvo el conocido Estudio *Trinity*, no se suelen comentar. Este libro hace el esfuerzo de traer el conocimiento académico financiero al gran público.

- Hay una cierta duplicación en la información mostrada en este libro y libros similares. Si la Regla del 4% ya ha sido demostrada ¿para qué volver a hacer los cálculos? Lo hacemos por varias razones: por un lado porque se utiliza un método poco frecuente para realizar los cálculos (simulaciones en vez de datos históricos), lo cual sirve para comprobar que los resultados de los diferentes métodos son consistentes entre sí. Y por otro lado porque queremos mostrar que los datos están accesibles y que el lector puede realizar los cálculos por sí mismo si así lo desea.

- Se proporcionan multitud de enlaces y referencias para profundizar más. No se presenta información sin más, sino conocimiento ordenado.

- Y finalmente este no es un estudio teórico y abstracto. Los resultados aquí obtenidos se aplican a casos concretos, situaciones realistas, de las que el lector puede extraer conclusiones para sí mismo.

Tenga en cuenta que este es un libro de divulgación. Si usted necesita asesoramiento financiero, busque a un profesional.

1.3. ¿Qué Puede Esperar de Este Libro?

A lo largo del libro iremos conociendo las diferentes estrategias que se pueden emplear para vivir de las inversiones. La más famosa es la Regla del 4%.

Sin embargo, una regla sencilla como la Regla del 4% no puede resolver toda la incertidumbre sobre el futuro. No podemos conocer el futuro, con sus valoraciones de los mercados, los tipos de interés, la inflación, la expectativa futura de la inflación, etc.

Por mucho que tengamos series históricas con datos financieros de hasta 150 años en EEUU (desde 1871 para la serie histórica de Robert J. Shiller), eso puede añadir poco valor. Al fin y al cabo estamos en "terreno desconocido" (en el año 2022): tipos de interés anormalmente bajos, creación de dinero por los bancos centrales a niveles nunca imaginados, deuda pública creciendo sin freno, inflación desbocada, pandemia, crisis en las cadenas de suministros, etc. Estas condiciones no se han dado antes, y por lo tanto los datos pasados pueden ser irrelevantes. Las series de datos larguísimas y muy detalladas pueden ser inútiles.

Y eso en lo que respecta a los mercados mundiales, que tampoco podemos conocer nuestro propio futuro personal: la edad a la que vamos a fallecer, enfermedades, futuros gastos imprevistos, etc.

Pretender que todo eso se puede resumir de manera fácil no tiene sentido.

Lo que sí se puede hacer es conocer las teorías existentes, entender los pros y contras, y ver cómo podemos aplicar esas ideas en casos reales.

Fíjese que el año que viene puede pasar de todo.

- Cosas positivas como que se consiga implementar la energía nuclear de fusión y tengamos electricidad ilimitada a bajo coste, o que se detenga el envejecimiento celular y nuestros cuerpos vivan eternamente, o que podamos implantar nuestras mentes en ordenadores u otros cuerpos para esquivar a la muerte.

- También cosas negativas como que caiga un meteorito y extinga a la humanidad como pasó con los dinosaurios, que suframos otra pandemia aún más dañina, llamaradas solares, terremotos, volcanes, tsunamis, una guerra nuclear mundial, virus de ordenador que bloquea los equipos informáticos mundiales.

- O cosas impredecibles, que ni siquiera podemos imaginar si son positivas o negativas ¿qué sucedería si nos visitaran alienígenas? ¿y si pudiéramos viajar a las estrellas? ¿y si las máquinas llegaran a la singularidad tecnológica y nos superaran en inteligencia?

Cualquiera de estos hechos puede cambiar totalmente el futuro, para bien o para mal. Y no es posible poner estas cosas en una simulación. Por lo tanto, no hay que preocuparse en exceso, toda previsión a futuro no es más que una aproximación simplificada de la realidad.

Como resumen de lo que va a encontrar a lo largo del libro, se puede decir que: "la regla del 4% es un buen punto de inicio, pero tras tener en cuenta varias ineficiencias y márgenes de seguridad, mejor dejarlo en el 3%". Encontrará los detalles más adelante.

1.4. Libertad Financiera

Si tiene este libro en sus manos, seguramente sea porque le guste la idea de la Libertad Financiera, o Independencia Financiera, o FIRE (*Financial Independence, Retire Early*).

Esta idea de tener margen en las finanzas personales, e incluso "vivir de las rentas", es una idea que de un modo u otro siempre ha existido, pero que ahora gracias a internet se ha cohesionado como una comunidad.

Si este tema le interesa, tal vez quiera leer a blogeros famosos como:

- Josan Jarque con su blog "Enorme Piedra Redonda"[8] y su libro "Cómo hacerse rentista", una introducción muy recomendable.
- Jesús de "¡Al Fin Libre!",[9] experto en la Cartera Permanente.
- Guillem Roig, que es asesor financiero profesional y escribe en su blog "La hormiga capitalista".[10]
- *Mr Money Mustache*,[11] que es uno de los iniciadores del movimiento, una persona muy carismática.
- *Financial Samurai*,[12] una persona en EEUU que ha hecho el ciclo completo: trabajar, FIRE, y recientemente volver a trabajar.
- Jacob Lund Fisker, de *Early Retirement Extreme*,[13] y su libro, donde lleva al extremo estas ideas.
- J. L. Collins,[14] divulgador sobre Libertad Financiera y autor del libro *The simple path to wealth*.
- *Mad FIentist*,[15] una persona muy activa en la comunidad, con su blog y su podcast.

Otras fuentes de información relacionada son:

- El grupo de Telegram "Libertad financiera y otras quimeras".[16]
- El libro "La bolsa o la vida" de Vicki Robin, muy recomendable y muy relacionado con la Libertad Financiera.
- El podcast *Financial Independence Europe*,[17] donde entrevistan a personas que están implementando estas ideas en algún país europeo. Es relevante porque la mayor parte de la información disponible es muy local a un único país, especialmente de EEUU, y sin embargo este podcast trata mucho el tema del geo-arbitraje.
- Las "Jornadas de Indepencia Financiera" de Valencia. Se pueden encontrar los vídeos de las conferencias en Youtube, en el canal "Objetivo 2035"[18] y en "Jornadas IF".[19]
- El libro *How to make a million in 10 years*, de Maarten van Lier, que las pasó canutas durante la crisis de 2009. El coste personal que tuvo al pasar esa crisis estando invertido 100% en acciones.
- El podcast de Jake Desyllas, *The Voluntary Life*,[20] donde habla de

muchos temas, como le corresponde a una persona que ya está en Libertad Financiera.

Como veremos en los capítulos Capítulo 4 (fase del ahorro) y Capítulo 5 (fase de vivir de las inversiones), la matemática es la que es. Los principales factores favorecedores son el tiempo invertido (cuantos más años mejor) y el porcentaje de ahorro del salario. La rentabilidad obtenida es importante, pero en segundo plano. Como es secundaria también la estrategia seguida, siempre y cuando tenga sentido (Bogleheads, Cartera Permanente, dividendos, inmobiliario, y sus variaciones).

1.5. Descripción de los Capítulos

El presente libro se compone de los siguientes capítulos:

- El Capítulo 1 es esta introducción general al libro. Qué aporta, a quien va dirigido, qué se puede esperar de él.

- El Capítulo 2 aporta una justificación moral al hecho de vivir de las inversiones. Seguro que usted también ha recibido críticas por invertir y hacer algún comentario sobre la Libertad Financiera. En este capítulo se aportan argumentos para esas discusiones.

- El Capítulo 3 explica unos conceptos antes de entrar en materia, unas ideas que necesitaremos en los capítulos siguientes.

- El Capítulo 4 muestra el paso previo a la fase de Libertad Financiera: la fase de acumulación. En esta fase se trabaja, se ahorra una parte, y se invierte.

- El Capítulo 5 es la parte principal de este libro. Allí se comentan varias estrategias para vivir de las inversiones, con especial énfasis en el método de capacidad de compra constante, que es la justificación de la famosa "Regla del 4%".

- El Capítulo 6 proporciona unas ideas que intentan mejorar las estrategias que proporcionan ingresos variables, para evitar que los ingresos sean muy extremos, o muy altos o muy bajos.

- El Capítulo 7 presenta las aplicación de las conclusiones obtenidas tras analizar las diferentes estrategias. ¿Qué Tasa Segura de Retiro podemos estimar para nosotros mismos teniendo en cuenta nuestras circunstancias personales?

- El Capítulo 8 lista libros, webs, y similares donde se puede obtener más información sobre este tema.

[1] https://es.wikipedia.org/wiki/John_Bogle

[2] https://losrevisionistas.wordpress.com/libros/

[3] https://losrevisionistas.wordpress.com/

[4] https://bogleheads.es/

[5] http://www.msci.com/resources/factsheets/index_fact_sheet/msci-world-index.pdf

[6] https://research.ftserussell.com/Analytics/Factsheets/Home/DownloadSingleIssue?issueName=AWD

[7] https://research.ftserussell.com/Analytics/FactSheets/Home/DownloadSingleIssue/GAE?issueName=AWORLDS

[8] https://www.enormepiedraredonda.com

[9] https://alfinlibre.net/

[10] https://lahormigacapitalista.com/

[11] https://www.mrmoneymustache.com/

[12] https://www.financialsamurai.com/

[13] http://earlyretirementextreme.com/

[14] https://jlcollinsnh.com/

[15] https://www.madfientist.com/

[16] https://t.me/libertadfinacierayfinanzas

[17] https://financial-independence.eu/

[18] https://www.youtube.com/@Objetivo-ox1cf

[19] https://www.youtube.com/@jornadasif116

[20] https://www.thevoluntarylife.com/

Capítulo 2. La Moralidad de Vivir de las Inversiones

Probablemente usted haya recibido alguna crítica, como nosotros, por invertir y hablar de la Libertad Financiera. En este capítulo vamos a comentar varias de esas críticas.

En primer lugar, la mayor parte de las críticas que se reciben no son técnicas, sino morales. Nos vamos a centrar en estas críticas de índole moral.

Una de las razones por las cuales a unas sociedades les va mejor que a otras, es porque la opinión mayoritaria con respecto al ahorro, la inversión, las empresas, es incorrecta. Y así no se puede prosperar, ni las personas ni el conjunto de la sociedad.

2.1. Privilegiados

No todo el mundo puede aspirar a vivir de las inversiones, y es inmoral que unos privilegiados lo intenten.

Esto es fruto de un igualitarismo mal entendido. Como suele decirse, es como si en una carrera, en vez de preocuparse de que todos los corredores que participan salgan de la salida a la vez, nos preocupásemos de que todos los corredores lleguen a la meta a la vez.

Es verdad que habrá personas que reciban herencias o les toque la lotería. Del mismo modo que hay personas que desgraciadamente nacen con minusvalías. Pero la existencia de personas con minusvalías no vuelven a los demás unos privilegiados. La moralidad no obliga a limitar a los que les va bien, sino a ayudar a quien no tuvo oportunidad.

Seguro que todos conocemos ejemplos cercanos de personas que empiezan la vida en situación de ventaja respecto a otros, que con el paso de los años, debido a malas decisiones, acaban teniendo vidas desastrosas.

Y viceversa, familias con hijos que parten de las mismas condiciones en el entorno familiar, con el tiempo llegan a situaciones económicas distintas, también fruto de decisiones personales.

Simplemente hay que tomar decisiones, y en lenguaje económico, pagar el coste de oportunidad de esas decisiones.

Por otro lado, es verdad que en el mundo hay injusticias contra las que hay que luchar. Pero eso no implica enfrentarte con el que no te ha hecho nada. De hecho, en sociedades abiertas donde se puede prosperar por mérito, es una cuestión de tiempo que a quien lo merece le vaya bien. Y si no sucede en una vida, serán sus hijos lo que hayan prosperado gracias a sus padres. Ciertamente no vivimos en sociedades perfectas, pero nunca antes ha sido mejor que ahora.

Las veces que nos han comentado este tema de ser unos "privilegiados", han sido ciudadanos europeos. Gente que, como mínimo, por nacimiento, está en el 5% más rico de la población mundial. Ellos son privilegiados también.

Los que señalan con el dedo a los que invierten y les acusan de ser privilegiados, lo hacen pensando que esa riqueza les pertenece de algún modo y que han de recibir parte de ella. No es así. No van a recibir nada, ellos son los ricos europeos, los que tienen que aportar al mundo.

También hay quien critica que solo se puede vivir de las rentas siendo tan ahorrador que uno se convierte en un tacaño ermitaño. No dudamos que alguien habrá, pero nos atreveríamos a decir que es muy minoritario. Es suponer que la excepcionalidad de un caso es representativo del conjunto.

También se dice que esto solo es posible si no se tienen hijos. Como si el no tener hijos te hiciera un irresponsable. Pero es al revés, en la medida en que la vida es vivir experiencias, los que tienen hijos tienen una ventaja enorme frente a los que no tienen. Esas experiencias personales son impagables, van mucho más allá de la rentabilidad de las inversiones. Es algo que nunca vivirán los que no tenemos hijos.

Nuestro caso personal es el de familias de clase media baja, con hijos que estudian y trabajan asalariados, y que con el paso de los años les va bien. Criticar este ascenso social es inmoral, y nos retrotrae a sociedades arcaicas con castas hereditarias. El ideal es que las personas prosperen y lleguen a ser ricos que le aportan al mundo, como Amancio Ortega con Zara y su fundación, Juan Roig con Mercadona y su Proyecto Lanzadera, o cualquier futbolista famoso.

2.2. Latifundistas Ociosos

Una crítica consiste en llamarnos "latifundistas ociosos". Trayendo a la memoria a terratenientes y aristócratas perteneciendo a familias que obtuvieron sus privilegios en época romana o medieval, y que perviven hoy en día como oligarquías locales.

Un inversor no tiene nada que ver con un latifundista. Un latifundista está unido a su lugar geográfico, el inversor puede hacer uso de la globalización para deslocalizar su residencia y/o sus fuentes de ingresos.

Un latifundista nos haría pensar en ineficiencia en la producción, por no tener objetivos económicos. Habría por tanto dificultad para asignar capital y trabajo. Pero esto no es así en un inversor, porque el inversor compra empresas, o inmuebles, buscando la rentabilidad, adaptándose al cambio. Asignando sus recursos allá donde las señales de los precios le indican que hay escasez de un determinado bien o servicio. Allí invertirá, obteniendo un beneficio personal en primer lugar, y como efecto secundario la sociedad recibe mejores bienes y servicios.

Un inversor implementa de manera implícita la idea de la "destrucción creativa" de Joseph Schumpeter, porque la inversión busca rentabilidad, huye de los proyectos caducos ineficientes y se dirige allí donde se está generando riqueza. Cambiando cuando haga falta. Nada que ver con una sociedad conservadora, reacia al cambio, que es lo que uno podría esperar de la visión del mundo de un latifundista.

En una sociedad abierta, un latifundista poco productivo no puede subsistir, porque ni los clientes querrán sus productos de baja calidad y caros, ni los demás competidores se van a quedar de brazos cruzados pudiendo ofrecer mejores productos.

Por lo tanto, una persona que viva de sus inversiones es necesaria para la sociedad. Nada que ver con los latifundista ocioso, que están condenados a su desaparición.

Una persona que invierte pone su dinero en riesgo. Es justo que reciba una recompensa por ese riesgo.

Si una persona es un rico ocioso, no tardará en dilapidar su fortuna. Como suele decirse: "padre trabajador, hijo caballero, nieto pordiosero".

Y aunque una persona rica lo sea por éxito merecido, probablemente no pase mucho tiempo en la cima. Échele un vistazo a *The Original 1987 List of International Billonaires*[1] en Forbes, y verá que los mil millonarios (billones de EEUU) de 1987 son distintos a los actuales. No solo hay ascenso social, también hay descenso social.

Si tuviéramos alguna idea buena, crearíamos un empresa, pero como no la tenemos, invertimos en bolsa de manera pasiva y diversificada. De algún modo, es externalizar la generación de ideas. Que los demás tengan ideas, creen empresas, abran nuevos mercados, y que una parte de esa riqueza llegue a nuestro bolsillo.

2.3. Pequeñoburgueses

Otra crítica consiste en llamarnos "pequeñoburgueses".

Esta es una expresión marxista que viene a decir que "dados los proletarios de las democracias burguesas, algunos de ellos prosperan dentro del capitalismo, se felicitan por su propia esclavitud, y adquieren usos y costumbres de la burguesía que les explota".

Esa es una forma perversa de ver las cosas. Podríamos más bien traducirlo al lenguaje cotidiano como que "los ciudadanos de las democracias occidentales, que trabajan y cumplen con las normas de convivencia, consiguen prosperar, se muestran orgullosos de sus logros personales, y consiguen así salir de la pobreza, junto con sus compañeros y vecinos".

Por todo esto, los "pequeñoburgueses" sirven de referencia para que otras personas sigan sus pasos y salgan de la pobreza a través del trabajo y siendo ciudadanos modélicos.

Los pequeñoburgueses han sido muy perseguidos por los movimientos de izquierdas (ver el capítulo que les dedica Karl Marx en su "Manifiesto Comunista").

Por tanto, una persona a la que le va bien en la vida no es un enemigo, sino un ejemplo a seguir. Impedir la existencia de pequeñoburgueses impide que a un trabajador le vaya bien. Rompe el "círculo virtuoso" por el cual una persona puede trabajar y prosperar.

2.4. Propiedad Privada de los Medios de Producción

Esta idea viene a decir que es inmoral que la propiedad de las empresas esté en manos de personas particulares. De nuevo más vocabulario marxista.

Esta es una idea del siglo XIX traída al siglo XXI, que ha quedado obsoleta. Imaginemos un trabajador que ahorra su salario para comprar un piso y luego lo alquila. Este piso pasa a ser un "medio de producción", una acumulación de capital, que dentro de una economía funcional le permite generar rentas ¿Es un proletario por haber ahorrado sus ingresos del trabajo? ¿O es un burgués por ser propietario de un "medio de producción"?

Es que, incluso desde un punto de vista marxista, el hecho de que las personas inviertan no es algo a lo que oponerse, sino que es el camino a seguir. Es la forma de conseguir que los trabajadores sean los propietarios de las empresas, de los medios de producción del mundo. Esto puede conseguirse a través de los fondos soberanos.[2]

De todos los fondos soberanos, el más conocido es el fondo de pensiones noruego,[3] formalmente conocido como el *Government Pension Fund Global*. También es el mayor, con un patrimonio de 1.2 billones de EUR europeos (en 2022). Esto es más del doble del PIB de Noruega, y comparable al PIB de España.

Esto es, además de los impuestos del estado, los ciudadanos noruegos disponen de riqueza para pagar sus pensiones comparable al doble de lo que producen durante un año. No está nada mal, teniendo en cuenta que en países como España, los jubilados solo reciben lo que el Estado pueda extraer a los trabajadores vía impuestos en ese momento.

Fue una gran idea que el gobierno noruego destinara los beneficios extraordinarios "caídos del cielo", del petróleo, a este fondo.

El gobierno español podría haber hecho lo mismo con el turismo, ya que también son beneficios extraordinarios "caídos del cielo". Al fin y al cabo el sol, la playa, la buena comida vienen dados. No hemos hecho nada para merecerlos, del mismo modo que los noruegos no han hecho nada para merecer vivir sobre reservas de petróleo.

Por cierto, este fondo de pensiones soberano noruego implementa una cartera muy similar a la *Core Four* de Rick Ferri (ver libro "Carteras para Pequeños Inversores"). Diversifica internacionalmente, manteniendo una estructura general de acciones y bonos, con un poco de REITs, todo con fondos indexados, y gestionado de manera pasiva (salvo rebalanceos, claro).

En resumen, la existencia del fondo de pensiones noruego ¿es positiva o negativa para los ciudadanos noruegos? Si una persona lo implementa por su cuenta ¿es eso bueno o malo?

Si Marx, Lenin, y sus correligionarios levantaran la cabeza, seguramente estarían a favor de la inversión pasiva. Al fin y al cabo, como ellos querían, es "propiedad común de los medios de producción" en sentido estricto.

2.5. Hormigas y Cigarras

Frases como "vas a ser el más rico del cementerio", "no te lo vas a llevar a la otra vida", y similares ¿cuántas veces las habremos escuchado?

Es la consabida presión social para vivir el momento (ser cigarra), en vez de ahorrar para los años malos (ser hormiga). La idea del *carpe diem*, de disfrutar el presente y no preocuparse por el futuro. Esta es quizás una tradición muy latina.

Desde el punto de vista de la economía, se habla de la "preferencia temporal". Las personas con una preferencia temporal alta, prefieren vivir el momento presente. Esto es habitual por ejemplo en los niños. Por otro lado, los inversores tenemos una preferencia temporal baja, porque restringimos nuestro presente para obtener un beneficio superior en el futuro.

A pesar de lo que digan las convenciones sociales, realmente ahorrar e invertir es moralmente superior a vivir al día. Es ser responsable, y no exponerse uno mismo ni a la familia a riesgos innecesarios. Es contribuir a que la economía mejore, al aportar inversión a proyectos productivos.

> Aquél que no se preocupa de su futuro está condenado a preocuparse de su presente.
>
> — Proverbio chino

Si la sociedad castiga el ahorro y la inversión (con impuestos, con burocracia adicional), está fomentando ser "cigarra" y no "hormiga". Entonces habrá menos recursos para financiar empresas (que es de lo que trata la bolsa), por lo que a la economía le irá peor. Además, sin ahorros, las personas serán más dependientes del estado, menos libres. Por lo tanto, castigar el ahorro y la inversión es contraproducente para la sociedad.

La frase "vas a ser el más rico del cementerio" se suele decir de manera despectiva. Sin embargo, habrá que ver. Lo normal es que una persona viva bien, que tenga un capital ahorrado y/o invertido. Esto tiene sentido al menos por dos razones: para tener margen por si las cosas van mal, y para proporcionar una herencia a los herederos. Por lo tanto, ser "el más rico del cementerio" no es negativo, puede ser un objetivo sano y normal.

2.6. Especuladores

El ciudadano promedio tiene una idea negativa de la bolsa. La ve como un casino, como si el azar fuera la principal fuerza en juego, y como si no tuviera importancia en su vida.

Sin embargo, la bolsa permite asignar el ahorro de las personas a las empresas, fomentando una economía eficiente que generará más riqueza en el futuro.

Invertir en bolsa es confiar en el progreso de la humanidad, en la capacidad del ser humano en avanzar y resolver problemas.

A corto plazo, el valor de los activos en bolsa está dominado por el azar. El comportamiento de los precios es impredecible. Y cada vez que hay una transacción, no se genera riqueza, simplemente el activo cambia de manos. Lo que gana uno lo pierde el otro. Por lo tanto, a corto plazo la bolsa es un juego de suma cero.

Sin embargo, invertir en bolsa a largo plazo es totalmente racional, no es especulación. Al cabo del año, las empresas han generado bienes y servicios, y por tanto han tenido ingresos. Parte de estos ingresos los disfrutan los accionistas, ya sea a través de los dividendos repartidos, ya sea a través del incremento en el precio de la acción. A largo plazo, la bolsa genera riqueza. Es esta riqueza a largo plazo de la que queremos ser partícipes los inversores.

A largo plazo, la inversión no tiene nada que ver con los mercados. Invertir consiste en disfrutar de los rendimientos obtenidos por las empresas.

Finalmente, aunque invertir a corto plazo tenga una fuerte componente de especulación, es una especulación necesaria. La especulación es positiva, porque permite descubrir el precio justo de los activos.

Si alguien piensa que va a haber escasez de un bien en el futuro, el especulador comprará ese bien hoy, a un precio barato, lo almacenará, y lo ofertará cuando haya escasez. De este modo, el especulador toma el riesgo de comprar un bien que no necesita, y de almacenarlo durante un tiempo. Y esto es positivo para la sociedad, porque el especulador compra un bien cuando está barato (subiendo su precio), y lo ofrece cuando hay escasez (bajando su precio). La especulación mejora la liquidez del mercado y proporciona bienes cuando habrían desaparecido por la escasez.

Por lo tanto, en la inversión a largo plazo no somos especuladores. Pero aunque lo fuéramos, eso no sería negativo, sino positivo.

2.7. Virtud del Trabajo

En occidente existe la la virtud del trabajo, que hereda de ideas cristianas, y que también llega a nuestros días a través del estajanovismo soviético, por Alekséi Stajánov.[4] Esta es una idea positiva que ha contribuido a que los ciudadanos occidentales tengamos una calidad de vida envidiable.

Se supone que alguien jubilado pasa su tiempo en una tumbona en la playa, descansando ya por siempre. Y es verdad que las personas que se jubilan a la edad legal con una pensión pública, con una edad avanzada, ya no suelen trabajar.

A esto contribuyen varias razones: por un lado la mala salud de las personas mayores, por otro lado la presión social de ('"deja de trabajar ya, que te lo has ganado'"), y finalmente porque la normativa lo desincentiva (una persona de 70 años que quiera trabajar, ¿qué papeleo tiene que hacer? ¿contribuye a la Seguridad Social por trabajar, o recibe pensión de la Seguridad Social? ¿tiene que declarar '"dos pagadores'" al hacer la declaración de impuestos?)

Algún caso habrá que se vaya a tumbarse a la playa, pero no parece mayoritario entre la gente de buena salud. Eso es muy aburrido. Uno nunca deja de hacer cosas nuevas, como intentar nuevas carreras profesionales, trabajos ayudando a los antiguos compañeros, participar en ONGs, hacer divulgación, etc. Uno no deja de aportar a la sociedad.

De hecho, uno puede intentar aquello a lo que no se atrevía cuando no tenía margen económico. Montar una empresa con esa idea sensacional, cambiar de carrera profesional a algo que se encuentre más en línea con nuestros intereses.

Además, no es necesario llegar a vivir de las inversiones en un 100%. El hacerlo en pequeña medida ya da libertad, que es realmente lo que interesa. El objetivo es tener opciones, poder elegir, no necesariamente elegir estar tumbado en la playa. Sin sentir la tensión por tener que pagar la hipoteca de la casa, el coche, las vacaciones a crédito.

Finalmente, la economía de mercado no recompensa el trabajo, sino la generación de riqueza, que puede realizarse implementando mejoras en la eficiencia, o creando nuevos bienes y servicios. Y esto requiere pensar y tener ideas nuevas, no trabajo pesado cavando zanjas o cargando sacos.

2.8. Inversión Socialmente Responsable

Si pese a todo está preocupado por la moral, siempre puede invertir en estrategias que tenga en cuenta el ESG (*Environmental, Social, and Governance*).

Sepa que eso tendrá dos efectos en su inversión (que están comentados en el libro "Carteras para Pequeños Inversores"):

- Los gestores de fondos le van a cobrar una prima extra. Por ello, incluso si el fondo ESG obtuviera "antes de costes" una rentabilidad igual a la de un fondo diversificado comparable, "después de costes" va a perder unas décimas de rentabilidad al año.

- Como los fondos de inversión tendrán menos activos en cartera, el fondo tendrá mayor volatilidad que un fondo comparable más diversificado.

Pero esto no le resuelve el dilema moral, solo lo esconde tras una pantalla. Esto se debe a que diferentes personas tendrán diferentes opiniones sobre la moralidad de una inversión determinada.

- Rick Ferri por ejemplo argumenta que, desde su punto de vista, invertir en empresas militares es socialmente responsable. Al fin y al cabo, si no hubiera empresas militares, ¿quién va a fabricar el equipo necesario para protegernos cuando nos invada otro país? Que le pregunten a Ucrania en su guerra con Rusia.

- Podríamos evitar las empresas relacionadas con el alcohol. Pero, ¿quién no se toma una cerveza o un vino de vez en cuando?

- Podríamos evitar la energía nuclear. Pero, ¿y si fuera una forma razonable de minimizar la producción de dióxido de carbono? ¿y si fuera la mejor forma de que países que no producen gas o petróleo consigan un cierto grado de independencia energética?

- Hay ecologistas en contra de fuentes renovables de energía como la eólica (por la muerte de aves por las aspas, y por su impacto visual), y la hidroeléctrica (por la modificación del ecosistema fluvial natural). ¿Son acaso los perjuicios mayores que los beneficios (industrialización de las zonas rurales, generación de electricidad, control de riadas)?

- La religión musulmana no permite prestar dinero a crédito, ¿debemos descartar por tanto el sector bancario?

Al final resulta que hay tantas estrategias ESG como inversores.

Por lo tanto, tal vez lo mejor que pueda hacer es comprar acciones mundiales muy diversificadas ("comprar el mundo", que es barato y sencillo), y después realizar donaciones o participar en ONGs de manera personal.

[1] https://www.forbes.com/sites/seankilachand/2012/03/21/forbes-history-the-original-1987-list-of-international-billionaires/

[2] https://www.swfinstitute.org/fund-rankings/sovereign-wealth-fund

[3] https://www.nbim.no/en/

[4] https://es.wikipedia.org/wiki/Aleks%C3%A9i_Staj%C3%A1nov

Capítulo 3. Conceptos

En este capítulo se explican ideas que necesitaremos más adelante.

3.1. Las Unidades

A lo largo de este libro, para simplificar, mostramos las unidades de la siguiente manera.

- Con respecto a la moneda, normalmente escribimos EUR cuando nos referimos a euros y USD cuando nos referimos a dólares estadounidenses.

- Para facilitar la lectura, cuando nos referimos a miles lo hacemos anteponiendo la letra "k", como kilo en kilogramo. De este modo, "1 kEUR" son "1000 EUR", y "1 kUSD" son "1000 USD".

- Intentamos mostrar gráficas genéricas, en unidades de "100", típicamente pensando en "100 kEUR", pero podría ser cualquier otro múltiplo que a usted le convenga. Por ejemplo, una grafica podría decir que "habiendo invertido 100 kEUR, se pueden extraer 4 kEUR al año". Entonces, si usted esta haciendo sus cuentas para sí mismo, y tiene 500 kEUR invertidos (5 veces mas), entonces podrá extraer 20 kEUR al año.

3.2. El Plan

En este libro vamos a suponer que disponemos de un cierto capital que ya está invertido. Este capital puede habernos llegado de cualquier modo: vender una empresa, recibir una herencia, ganar la lotería, etc. También podemos haber llegado por la vía del trabajo, ahorro, e inversión.

El Capítulo 4 muestra cómo sería llegar a esta cantidad por la vía del ahorro y la inversión, que ha sido nuestra ruta. Una vez ahí, el Capítulo 5 muestra las estrategias para vivir de las inversiones.

Uno podría pensar, dado un capital ahorrado (por ejemplo 200 kEUR), se podría dejar todo ello en una cuenta del banco, e ir sacando una cantidad anualmente (por ejemplo 20 kEUR/año). De este modo, la cartera duraría 10 años. Fácil.

Sin embargo, esto no funcionaría por culpa de la inflación. Cada año que pase la capacidad de compra de la cartera sería menor. Esto lo veremos en la Sección 3.3 sobre la necesidad de invertir.

La idea principal de este libro consiste en que la cartera puede durar eternamente si la cantidad que se retira de ella está bien elegida.

Suponiendo una situación ideal en la que una cartera de inversión genera un 4% de rentabilidad por encima de la inflación, constantemente, sin volatilidad (¡que no es real!); entonces podríamos extraer cada año ese 4% con la confianza de que la cartera nunca se agotará. "Las gallinas que entran por las que salen", que diría José Mota.

Si extrajéramos más, como el 5%, la cartera tarde o temprano se agotaría. Y si extrajéramos menos (por ejemplo, el 3%), la cartera crecería indefinidamente. De esto exactamente trata este libro, de elegir la cantidad a extraer para cumplir nuestros objetivos.

3.3. La Necesidad de Invertir

Así que como punto de partida consideramos que usted ya tiene un capital ahorrado.

Una cosa es segura: ese patrimonio tiene que estar invertido. No puede estar parado en la cuenta del banco, o debajo del colchón. Como hemos comentado antes, la razón se debe a que sufrimos la inflación.

En los países desarrollados, los bancos centrales intentan mantener la inflación en torno al 2%-3%. Y esta es la inflación oficial, se puede debatir si la que sentimos los ciudadanos en nuestra cesta de la compra es mayor. Y más aún, esta inflación puede crecer en caso de crisis, como por ejemplo durante 2022 donde los países desarrollados sufren un 10% de inflación. O países como Argentina o Venezuela que tienen inflaciones sistemáticamente mucho mayores.

Por eso, tener el dinero parado en la cuenta del banco implica perder capacidad de compra. Con un 10% de inflación, si el primer año tenemos 100 EUR, el segundo año habremos perdido el 10%. Esto es, podremos comprar las cosas que podíamos comprar el primer año por aproximadamente unos 91 EUR (no son 90 EUR como cabría pensar en un primer momento, debido cómo se hace el cálculo, por ser puristas con la matemática). Y el segundo año, perdiendo otro 10% por inflación, podríamos comprar solo el equivalente a 83 EUR de las cosas que podíamos comprar el primer año.

De hecho, fíjese que si usted quisiera ahorrar a largo plazo para su jubilación, durante 40 años, sufriendo una inflación del 2.5% anual, le iba a quedar muy poca capacidad de compra de ese primer año ahorrado.

Si empieza con 100 EUR, el primer año habría perdido 2.5 EUR pudiendo comprar el equivalente a 97.5 EUR iniciales, el segundo año podría comprar el equivalente a 95 EUR iniciales, etc.

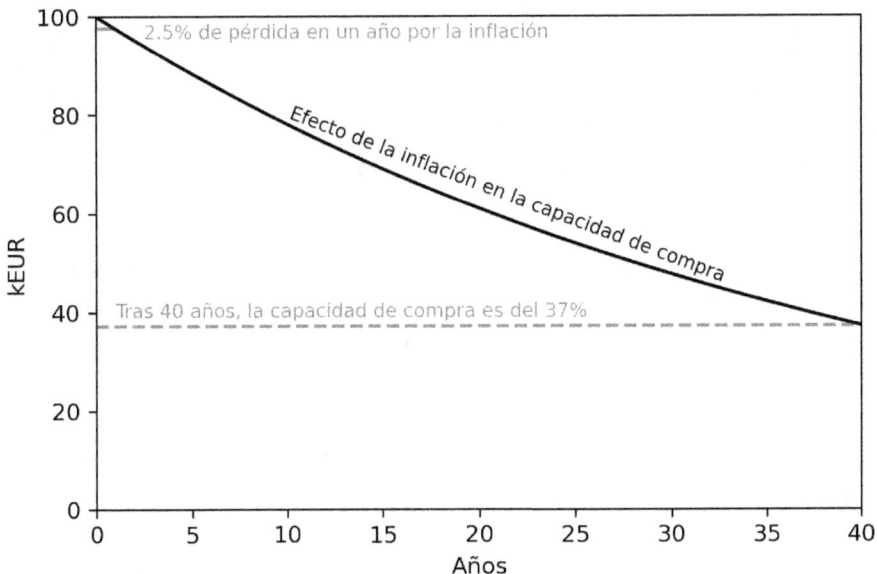

Figura 1. Efecto de un 2.5% de inflación sobre la capacidad de compra, suponiendo que empezamos con 100 kEUR en la cuenta del banco sin invertir.

La Figura 1 muestra el efecto de la inflación sobre la capacidad de compra. Supongamos que tenemos 100 kEUR en la cuenta del banco, sin invertir. Supongamos también que sufrimos una inflación anual del 2.5%. Tras 40 años, solo podremos comprar el 37% de las cosas que podíamos comprar inicialmente. Esto es, solo retendríamos 1/3 de la riqueza, 2/3 se habrían esfumado. Por lo tanto, no invertir implica aceptar pérdidas seguras. Por eso es necesario invertir.

3.4. Fondos de Inversión: ETFs vs Fondos Convencionales

En este libro nombramos con frecuencia los ETFs. Como su propio acrónimo indica (*Exchange Traded Funds*) son fondos de inversión, y la única diferencia con respecto a los fondos convencionales de toda la vida es que se pueden comprar y vender en la bolsa, como si fueran una acción. Pero la legislación que se les aplica a ambos es la misma, el partícipe está protegido igualmente.

Los ETFs tienen una particularidad, y es que al comprarse y venderse como acciones, hay mucha información sobre su precio. Información proporcionada por múltiples fuentes: el gestor, la bolsa, el broker, la empresa financiera que proporciona el índice (en el caso de inversión indexada), o simplemente intermediarios.

Esto hace que sea fácil conseguir series históricas de ETFs que siguen casi cualquier estrategia.

Para ETFs domiciliados en EEUU, se pueden buscar y obtener series históricas utilizando la web *Portfolio Visualizer*.[1]

Para ETFs domiciliados Europa, se pueden buscar utilizando la web JustETF.[2]

3.5. Descripción de las Simulaciones

En este libro se muestran datos históricos en varias ocasiones, pero es algo minoritario. Lo habitual es utilizar lo que podemos calificar como "datos sintéticos".

Lo que hacemos es procesar los datos históricos, descontando la inflación, obteniendo valores de rentabilidad anual y volatilidades anuales para diferentes carteras. Esto es: dos parámetros por cada cartera.

Estos datos de las carteras se pueden obtener de webs como *Portfolio Charts*[3] y *Portfolio Visualizer*.[1]

Y con estos parámetros se realizan simulaciones, intentando extraer información superando al azar gracias a realizar multitud de repeticiones. Es el llamado método de Monte Carlo, en honor a su casino.

Se podría argumentar que los datos históricos son los más cercanos a la realidad, y sin embargo al procesarlos para obtener rentabilidades y volatilidades estamos haciendo suposiciones que no tienen por qué ser ciertas. Entonces, ¿por qué hacemos este procesado de los datos históricos?

- Porque ya hay muchos otros que han utilizado los datos históricos directamente (por ejemplo FICalc.app[4]). Nosotros queremos usar este nuevo enfoque, una vía complementaria.

- Porque permite estudiar múltiples carteras con facilidad.

- Porque las series sintéticas pueden tener una duración infinita, y permiten un tratamiento estadístico mejor.

- Porque los datos históricos pueden llegar a ser muy antiguos, de hasta 1871 (en los datos de Robert J. Shiller), pero estas tiras históricas no aportan valor. De hecho tras el fin del Acuerdo de Bretton Woods[5] a principios de la década de 1970, se puede argumentar que el comportamiento de la economía mundial, y por tanto de las carteras, ha cambiado. Por lo tanto se diría que las series históricas anteriores a 1970 no nos son relevantes.

Según vayamos comentado las diferentes estrategias, los conceptos importantes irán surgiendo y los iremos describiendo.

3.6. Carteras de Inversión

En este libro comparamos varias carteras que pueden ser implementadas por pequeños inversores. Un primer listado se muestra en la Tabla 1. Si quiere más información sobre ellas, puede encontrarla por ejemplo en la web de *Portfolio Charts* [3] o en nuestro libro "Carteras para Pequeños Inversores".

Cuando la cartera se designa con dos porcentajes, estos porcentajes se refieren a la parte de acciones y a la de bonos gubernamentales. Por ejemplo:

- "80/20" está compuesta por 80% acciones y 20% bonos gubernamentales.

- "60/40" está compuesta por 60% acciones y 40% bonos gubernamentales.

Tabla 1. Características de varias carteras según la web de Portfolio Charts. Ordenadas según sus rentabilidades anuales históricas. Datos desde 1972 y habiendo descontado la inflación de EEUU.

Cartera	Volatilidad Anual	Rentabilidad [%/año]
100% acciones	17.0	8.1
Weird Portfolio	10.5	7.7
80%/20%	13.9	7.1
Rick Ferri 4	13.1	6.8
Swensen	11.2	6.5
Golden Butterfly	7.8	6.2
60%/40%	11.0	6.1
All Seasons	7.9	5.6
Cartera Permanente	7.1	5.1
40%/60%	8.5	5.0

Lo que nos vamos a encontrar a lo largo del libro es que tener una rentabilidad alta no es suficiente. Es necesaria una combinación de rentabilidad alta y baja volatilidad, debido al "Riesgo de Secuencia de Rentabilidades" (ver Sección 5.4.6).

Estas carteras de la Tabla 1 son carteras indexadas, porque invierten en "clases de activos", y aspiran a recibir la rentabilidad de estas clases de activos. Esto es, en lo concerniente a acciones de empresas, invierten en "todo el mercado de empresas", no en algunas empresas individuales.

Estas carteras también se dicen "pasivas", pero teniendo en cuenta que hay que rebalancear de cuando en cuando. Esto implica, por ejemplo, una vez al año vender el activo que más ha crecido en la cartera y comprar el que más se ha devaluado. Por lo tanto no son "pasivas" en sentido estricto, pero relajamos el lenguaje usando "indexadas" y "pasivas" indistintamente.

En webs y foros online estas carteras suelen ser referidas como "Carteras para Vagos".[6]

Estas carteras, como forma de inversión, son sencillas, fáciles de entender, pasivas, baratas, transparentes, que tienen sentido económico (porque reciben los frutos de la economía mundial, que a largo plazo no es un juego de suma cero).

El estilo de inversión más cercano a la teoría financiera clásica implica atesorar acciones y bonos gubernamentales, los llamados fondos mixtos. Cuando esta estrategia se implementa por pequeños inversores, lo cual está muy documentado online, se suele decir que es el estilo Bogleheads.

Recibe este nombre en honor a Jack Bogle, que popularizó la inversión indexada entre el gran público. Puede encontrar foros con información sobre este estilo en:

- https://www.bogleheads.org/ (en inglés)
- https://bogleheads.es/ (en español)

Otros estilos de inversión (como invertir en dividendos, *Value Investing*, inmuebles, etc.) también son válidos, siempre que tengan virtudes como bajo coste y no hacernos competir contra los profesionales o algoritmos automatizados.

Pero cada estilo tiene sus pros y sus contras. Si invierte en inmuebles, por ejemplo, los inmuebles no son divisibles y son poco líquidos, por lo que no se puede rebalancear con ellos. Serían una parte fija de la cartera.

3.7. Impuestos

En este libro no tenemos en cuenta los impuestos. Esto es, consideramos siempre que las cifras son "cantidades brutas antes de impuestos". Y específicamente estamos ignorando impuestos directos como por ejemplo el IRPF (en España).

Los impuestos son un tema complicado, que depende de cada persona, de cada jurisdicción, y que cambian con frecuencia. Así que no vamos a profundizar en ellos. Pero sí que es relevante comentar unos temas (siempre dentro de la legalidad vigente):

- Los impuestos suelen castigar a los trabajadores. En los países desarrollados se paga típicamente, en el IRPF o equivalente, hasta alrededor de un 50%. Sin embargo las inversiones suelen pagar mucho menos, como la mitad (en España entre el 19% y el 26%). Por lo que paradójicamente los impuestos incentivan a vivir de las inversiones y no del trabajo.

- En todos los países suele haber mínimos exentos al pagar el IRPF, en España son un mínimo de 5500 EUR por persona y año. Hay que aprovecharlos.

- Compensar ganancias con pérdidas de capital. Esto es, vender un activo que se ha revalorizado y otro que ha bajado, para neutralizar así ganancias y pérdidas entre si, no tener ganancias netas, y no pagar impuestos. Todo un clásico.

- Cada país tiene impuestos (en particular el equivalente al IRPF) distintos. En principio esto es una fuente de preocupaciones, pero si lo piensa bien, también es una oportunidad. En los Países Bajos no se paga por los dividendos, pero a cambio hay una especie de impuesto de patrimonio. En Luxemburgo las ganancias de capital a largo plazo están exentas. En Alemania las ganancias de capital de las criptomonedas, a largo plazo, están exentas. Si por un azar del destino usted acaba trabajando un año en otro país, si juega bien sus cartas, puede reducir mucho su pago de impuestos futuro.

- La inversión pasiva vía fondos de inversión tiene la ventaja de que existen múltiples índices similares que proporcionan la misma exposición (por ejemplo: *MSCI World*[7] y *FTSE Developed World*[8] tienen ambos exposición a empresas de países desarrollados), pero que de cara a hacienda son activos distintos. ¿Y esto para qué sirve? Sirve para que, si usted ha vendido a pérdidas un ETF que sigue a un índice MSCI, con la esperanza de aprovechar esas pérdidas para rebajar ganancias de otro activo, y acto seguido vuelve a comprar ese mismo ETF que sigue al índice MSCI (porque quiere seguir teniendo exposición a ese activo, no quiere modificar la composición de la cartera), entonces hacienda puede argumentar que usted está haciendo ingeniería financiera para evitar el pago de impuestos. Sin embargo, si usted ha vendido el ETF de MSCI y luego compra un ETF de FTSE, usted seguirá teniendo la misma exposición, y hacienda no podrá criticar nada porque son fondos de inversión que siguen a índices distintos.

En fin, esto da para mucho, pero no es nuestro propósito seguir por este camino. Si quiere más ideas, puede leer *Never pay taxes again*[9] y *Tax-gain harvesting*.[10]

3.8. Inflación

Las rentabilidades que se muestran a lo largo del libro son rentabilidades reales, en el sentido de que se ha tenido en cuenta la inflación.

En general, las rentabilidades de las carteras están tomadas de la web *Portfolio Charts*,[3] con datos entre 1972 y 2022 (50 años) y que se proporcionan ya corregidas de inflación.

> La inflación es un impuesto sin legislación.
> (*Inflation is taxation without legislation*).

— Milton Friedman, premio Nobel de economía en 1976

3.9. Aproximaciones de las Simulaciones

Estos son algunos argumentos a favor de utilizar los resultados de este libro como una primera aproximación, pero no querer buscar una exactitud en las cifras que realmente no es posible obtener.

- Todo esto depende de tener una contabilidad familiar realista y predecible. Pero nuestros gastos futuros son en gran medida impredecibles. Es posible que suban con los años (por tener hijos, por recibir cuidados), o es posible que bajen (porque con la edad viajemos menos). Esto es conocido como "la sonrisa de los gastos durante la jubilación" (*Retirement spending smile*), y se muestra en la Figura 2. Suponer gastos fijos desde el primer momento puede ser realista al principio, optimista después, y pesimista al final. Tener flexibilidad para ajustar el gasto a la situación económica y tamaño de la cartera es crucial para permitir a la cartera aguantar durante más años.

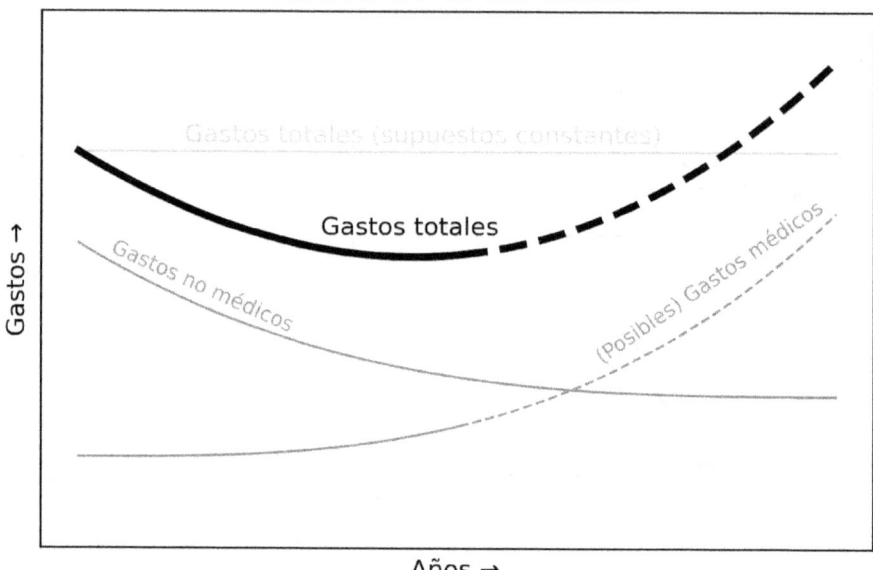

La Sonrisa de los Gastos

Gastos totales (supuestos constantes)

Gastos totales

Gastos no médicos

(Posibles) Gastos médicos

Gastos →

Años →

Figura 2. "La sonrisa de los gastos durante la jubilación". Recién jubilado hay muchas ganas de hacer cosas (viajar, aficiones), pero con los años estos gastos decaen. Con el tiempo suben los gastos médicos por la edad, pero en su parte final son impredecibles (pueden ser altos si padecemos cáncer, o muy bajos si morimos de golpe en un accidente de tráfico). Los gastos totales dibujan una curva que parece una sonrisa.

- Se considera que no hay ingresos extras en el futuro. Sin embargo, en realidad siempre puede haber algo: pensión pública, pensión privada, en una pareja una de las personas trabaja, algún trabajo con los antiguos compañeros, montar una empresa, etc.

- Estas simulaciones tienen en cuenta todos los sucesos previsibles. Por ejemplo, es de esperar que, tal y como ha sucedido en el pasado, se repitan crisis mundiales (como la Puntocom en 2001, la Gran Crisis Financiera de 2008), devaluaciones monetarias (década de 1970), quiebras de empresas, quiebras de estados (la Crisis de la Zona Euro en 2012). Todo esto está tenido en cuenta. Pero en la vida real suceden además hechos imprevisibles, que como es natural no se pueden tener en cuenta aquí.

- El análisis está basado en última instancia en datos históricos, ya sea directamente con datos reales, o datos analizados (inflaciones, rentabilidades, y volatilidades de series históricas).

- No es realista estimar la cantidad que se quiere extraer de la cartera una vez al año, y ajustar los gastos a esa cantidad. Una estrategia más razonable sería:

  1. Hacer una aproximación de los gastos y lo que se necesita extraer al cabo del año de las inversiones.

  2. Extraer una parte de la cantidad anual de la cartera, y trasferirla a una cuenta corriente.

  3. Pagar los gastos del día a día con esa cuenta corriente.

  4. Comparar con la estimación de gastos anuales que hemos hecho al principio, no vaya a ser que estemos gastando en exceso.

  5. Cuando la cuenta se vacíe, volver al punto 1.

- Lo más razonable es utilizar los porcentajes que se muestran en este libro como indicaciones generales, como señales de alerta en el caso de que se superen.

- Las leyes se consideran constantes, pero en realidad pueden cambiar en cualquier momento (expropiaciones, impuestos, nuevas regulaciones).

- No solo las leyes cambian por sí mismas, de manera externa a nosotros, sino que usted puede hacer que cambien las leyes que se le aplican. Esto es, es posible que reciba una oferta de trabajo en otro país, entonces cambie de residencia, y por tanto la legislación sería distinta. Esta es una posibilidad imprevisible.

- Con frecuencia nos referimos al comportamiento histórico del mercado tomando datos de índices. Sin embargo, un inversor no invierte en índices, sino en fondos de inversión. Y estos fondos de inversión tienen costes. Estos costes, aunque sean bajos si se utilizan fondos indexados (típicamente 0.1%/anual o 0.5%/anual), no se han tenido en cuenta. Esto lo veremos en la Sección 5.4.4.

- Los datos de rentabilidades históricas del mercado están basados en el mercado de EEUU, durante las últimas décadas o incluso 100 años. EEUU ha vivido esta etapa sin guerras en su territorio ni problemas que sí han sufrido otros países. Esto ha sido excepcional. Tomar las rentabilidades de la bolsa de EEUU puede ser optimista. Esto lo veremos en la Sección 5.4.5.

- Las expectativas que se tienen hoy en día (en 2022) de las rentabilidades futuras son más pesimistas que las rentabilidades pasadas. La Tasa Segura de Retiro quizás deba ser más baja hoy en día de lo que se estimó en el pasado. Ver la Sección 5.4.7 sobre la valoración del mercado.

- Se supone que se va a vivir de las inversiones durante 30 años, que es la duración habitual en el informe *Trinity* y estudios similares. Esto supone que si alguien se jubila a los 67 años, se considera que la cartera ha de durar al menos hasta los 97 años. Esta cantidad, 30 años, tiene sentido, sin embargo, hay que tomarla con cuidado porque si necesitamos más años (60 años por ejemplo), la cartera muy probablemente no aguantará. Este es un problema para aquellos que se jubilan pronto, la comunidad FIRE, como veremos en la sección sobre el Riesgo de Longevidad (ver Sección 5.4.8).

- Tampoco se tienen en cuenta los impuestos a pagar. Como hemos comentado anteriormente, este es un asunto complicado y cada contribuyente es distinto. Las cifras se supone que son en bruto, antes de impuestos.

Recuerde que "las rentabilidades pasadas no garantizan rentabilidades futuras". No se puede predecir el futuro. Los resultados mostrados en este libro son solo una aproximación.

3.10. La Utilidad de Nuestro Dinero Decrece con los Años.

De joven, hacer un viaje de mochilero, de InterRaíl, o irse de estudiante Erasmus, cuesta relativamente poco y sin embargo es capaz de cambiar completamente nuestra visión del mundo y nuestro futuro. El mismo dinero, entregado en la vejez, no cambia nada.

Imaginemos que tenemos hijos, y queremos donarles dinero. Veamos dos posibilidades:

- Tenemos 80 años, nuestros hijos tienen unos 50 años. ¿En qué cambia la vida de nuestros hijos si les donamos algo? Tienen sus trabajos, tienen sus vidas hechas, probablemente sus vidas cambiarían muy poco.

- Supongamos ahora que tenemos 50 años y nuestros hijos tienen 20 años. Con ese dinero pueden viajar, estudiar, montar un negocio. Sus vidas van a ser completamente distintas a partir de ese momento.

Con la edad, la posibilidad de vivir nuevas experiencias se va limitando más y más. Entregarle dinero a una persona de 90 años tiene una utilidad (medida como capacidad de proporcionar nuevas experiencias) limitada.

3.11. Unas Reglas Sencillas

3.11.1. Regla de 25

Durante el libro vamos a comentar muchos porcentajes. En este caso, esta "Regla de 25" está directamente relacionada con la "Regla del 4%" que veremos en Sección 5.4.

Típicamente decimos que "se extrae el 4% de las inversiones". Esta cantidad, así dicha, es correcta y cumple su propósito, pero podría expresarse de manera un poco más clara.

En vez de pensar en "qué fracción de las inversiones podemos extraer de la cartera", démosle la vuelta al argumento. "Si queremos extraer anualmente la cantidad X de la cartera ¿cuál tiene que ser el valor de la cartera?". ¿Cuál es el tamaño necesario de la cartera para sustentar nuestros gastos anuales?

Esto es básicamente la inversa de 4%, que es 25. Esto es:

Tamaño de la cartera = 25 x gastos anuales

Por ejemplo, si queremos extraer 18 kEUR al año de nuestra cartera, entonces la cartera tiene que tener un valor de 450 kEUR.

Obviamente, el 4% de 450 kEUR son 18 kEUR al año.

Esta es una regla comúnmente utilizada entre la comunidad de ahorradores e inversores, para responder a la pregunta ¿cuánto tengo que ahorrar? Y la respuesta es "25 veces los gastos anuales".

Esta regla puede modificarse para los más conservadores, como la "Regla de 30", que es básicamente la misma idea pero aplicada a una Tasa Segura de Retiro del 3.33% anual. O la "Regla de 40", que se corresponde con una Tasa Segura de Retiro del 2.5%.

3.11.2. Regla de 300

Una extensión de la "Regla de 25" es la llamada "Regla de 300". Consiste en hacer el mismo cálculo, pero no por año, sino por mes.

Por eso se multiplica 25 por 12 para dar como resultado 300.

Si queremos extraer una cantidad mensualmente de la cartera, necesitamos que la cartera tenga un tamaño de 300 veces esa cantidad.

Tamaño de la cartera = 300 x gastos mensuales

Por ejemplo, si queremos extraer 1500 EUR/mes, entonces la cartera tiene que tener un valor de 450 kEUR.

De nuevo, esta es una "cuenta de la vieja" que nos permite estimar cuánto tenemos que ahorrar a partir de nuestros gastos mensuales. Suponiendo la regla del 4%, hay que ahorrar 300 veces nuestros gastos mensuales.

Como en el caso de la Regla de 25 (4%), tal vez quiera incluir margen adicional, convirtiéndolo en la Regla de 30 (3.33%). Por ello, en vez de la Regla de 300 (4%), tal vez quiera considerar la Regla de 360 (3.33%). Siguiendo esta Regla de 360, para tener 1500 EUR/mes necesitará invertir un total de 540 kEUR.

3.11.3. Regla de 72

Esta es una regla sencilla que nos sirve para calcular rápido el tiempo que se tarda en doblar una inversión, dada una rentabilidad conocida y constante.

El tiempo necesario, medido en años, es igual al número 72 dividido entre la rentabilidad medida en porcentaje.

tiempo [años] = 72 / rentabilidad [%]

El objetivo de esta Regla de 72[11] no es la exactitud, sino poder calcular una cifra de manera sencilla y en cualquier momento. De hecho, debido al interés compuesto, realmente hay matemáticas más complejas que incluyen exponenciales, pero esto nos vale como aproximación sencilla.

Ejemplos de uso:

- Con una rentabilidad del 6% anual, el valor de nuestra inversión se doblaría cada 12 años.

- Con un 3% de inflación, la capacidad de compra de nuestro dinero sería la mitad cada 24 años.

- Si nuestro fondo de inversión tiene un coste anual del 2%, en 36 años nuestra inversión valdría la mitad comparado con haber hecho la misma inversión sin ese coste (no se puede invertir gratis, pero tenga en cuenta que la inversión pasiva es muy barata).

3.12. La Libertad Financiera es un Espectro de Posibilidades

La "Regla del 4%" da a entender que se puede establecer una cantidad a partir de la cual se alcanza la Libertad Financiera, que a partir de ella hay "un antes y un después".[12]

Sin embargo, nunca se puede tener la seguridad absoluta de estar en Libertad Financiera, de saber que nunca tendremos estrecheces económicas. No tiene sentido querer llegar tan lejos.

Esta idea de que existe una frontera clara se muestra en la Figura 3. Pero esto es absurdo, no hay un límite a partir del cual uno se siente libre.

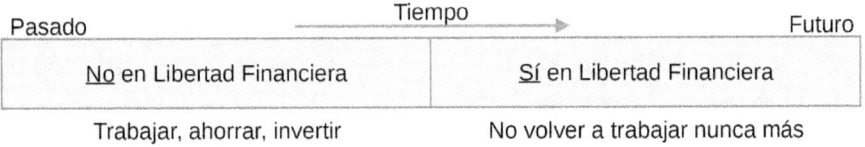

Figura 3. La Libertad Financiera según pasan los años, suponiendo que hay una frontera clara entre el antes y el después de alcanzar la Libertad Financiera. Esto no es realista.

Obviamente lo que hay es un continuo, un espectro de posibilidades, como se muestra en la Figura 4. En esta figura se mide el capital invertido como "equivalente a nuestros gastos anuales multiplicados por un número de años", de la misma forma a como se ha comentado en la Sección 3.11.1 sobre la "Regla de 25".

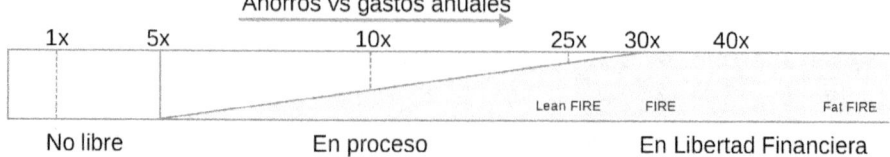

Figura 4. *La Libertad Financiera como un continuo de posibilidades. Esto es más realista.*

Uno va ahorrando poco a poco, hasta que se acumula un año entero de gastos (1x). Este sería el llamado "fondo de emergencia". Es una cantidad necesaria, pero es solo el comienzo.

En algún momento (¿por ejemplo 5x?) uno se siente en proceso hacia la Libertad Financiera.

Con el tiempo van pasando los años y se transita por 10x.

En algún momento se llega a 25x (que es el equivalente a una Tasa Segura de Retiro del 4%).

Pero es poco probable que se sienta seguro, y querrá añadir más margen, hasta 30x o 40x, o quizás más allá.

¿En qué momento se sienten menos ataduras y uno se considera en Libertad Financiera? Pues es que no hay una respuesta clara. La cantidad de dinero es en parte algo secundario, hay una gran componente subjetiva, de nuestra situación personal.

Enfatizando aún más la idea del espectro, y dado que la comunidad está creciendo, aparecen grupos más específicos. Los siguientes son los más conocidos, especialmente en EEUU:

- FIRE: El grupo originario, que podríamos decir que son aquellos que tienen ahorrados 25x o 30x sus gastos anuales. La Regla del 4% y todo lo que estamos viendo en este libro.

- *Fat* FIRE: Aquellos que están en FIRE con lujo. Tanto por su nivel de gasto, como por su margen de seguridad (tal vez su capital invertido sea x100 veces sus gastos anuales). En EEUU es típico que dispongan de millones de dólares en sus cuentas. Vea por ejemplo el foro de *fat* FIRE en Reddit.[13]

- *Lean* FIRE: Aquellos que están en FIRE por los pelos, quizás con justo 25x sus gastos anuales. Esto requiere frugalidad y vigilar mucho los gastos. El estereotipo dice que los miembros de este grupo en EEUU suelen vivir en una caravana. En España son con humor llamados "lonchafinistas". Vea por ejemplo el foro de *lean* FIRE de Reddit.[14]

- *Barista* FIRE: Aquellos que tienen un trabajo a tiempo parcial, o no trabajan pero su pareja sí que lo hace. El nombre viene de los camareros de Starbucks que trabajan a tiempo parcial en EEUU, porque reciben seguro sanitario por parte de la empresa. La persona considera que ya ha ahorrado bastante, y que a partir de ese momento los ingresos pasivos de las inversiones sumados a unos pequeños ingresos por trabajo son suficientes para vivir a largo plazo. No es FIRE en sentido estricto, porque no se puede retirar, ha de seguir trabajando o ser dependiente de la pareja. Pero esto permite elegir un trabajo menos estresante, o mas acorde con sus ideales, o cuidar de los hijos o los padres.

- *Coast FIRE*: Es un subgrupo de *Barista FIRE*, en el que la persona que deja el trabajo de altos ingresos por otro de menores ingresos tiene cubiertos sus gastos mensuales. Así, al no extraer capital de la cartera, tiene la esperanza de su revalorización a largo plazo. De esta forma, al llegar la edad de jubilación (y dejar por tanto de trabajar), los ingresos pasivos que tendrá complementarán su pensión sin tener que sufrir perdidas de poder adquisitivo. Un ejemplo de este tipo sería el sueño de montar un chiringuito en la playa, donde se gana en calidad de vida mientras la cartera sigue creciendo.

Todo esto sin contar que estas ideas de ahorro y gastos tienen muchos puntos flacos. Para empezar, porque los gastos no son constantes a lo largo de los años. Uno puede empezar compartiendo piso, con los años encontrar pareja, casarse, comprar casa, tener hijos... y el nivel de gasto crecer exponencialmente.

Afortunadamente el nivel de ingresos también mejora. Uno puede empezar de becario, con el paso de los años promocionar, cambiar de empresa a un puesto mejor... y al final los ingresos en la última fase no se podían ni imaginar 10 años antes.

Por lo tanto, si tanto ingresos como gastos son impredecibles, estas ideas de la Tasa Segura de Retiro son una aproximación razonable, pero no debemos tomarlas al pie de la letra.

[1] https://www.portfoliovisualizer.com/
[2] https://www.justetf.com
[3] https://portfoliocharts.com/

[4] https://ficalc.app/

[5] https://history.state.gov/milestones/1969-1976/nixon-shock

[6] https://www.inversorinteligente.es/9-carteras-de-etfs-para-espanoles-vagos.html

[7] http://www.msci.com/resources/factsheets/index_fact_sheet/msci-world-index.pdf

[8] https://research.ftserussell.com/Analytics/Factsheets/Home/DownloadSingleIssue?issueName=AWD

[9] https://www.gocurrycracker.com/never-pay-taxes-again/

[10] https://www.madfientist.com/tax-gain-harvesting

[11] https://en.wikipedia.org/wiki/Rule_of_72

[12] Esta sección toma ideas de los posts *FIRE Spectrum* https://retireinprogress.com/fire-spectrum/ de Mr RIP, y del *What Kind of FIRE are You?* https://thepoorswiss.com/what-kind-of-fire-are-you/ de *The Poor Swiss.*

[13] https://www.reddit.com/r/fatFIRE/

[14] https://www.reddit.com/r/leanfire/

Capítulo 4. Fase de Acumulación y Fase de Libertad Financiera

Como ya hemos comentado, para el propósito de este libro hemos dividido nuestra vida en dos fases:

- fase de acumulación, y
- fase de Libertad Financiera.

Este libro trata fundamentalmente de la segunda fase, la de Libertad Financiera, cuyas estrategias comentamos largo y tendido en el Capítulo 5. Pero queremos también dar una visión del conjunto para no dejar ningún cabo suelto, así que comentamos en este capítulo la fase de acumulación.

Estas ideas de una fase de acumulación y otra de gasto están comentadas en el libro "Libertad financiera con ETFs", y en los siguientes posts de nuestro blog:

- Para Alcanzar la Libertad Financiera ¿Cuánto Podemos Ahorrar?[1]
- Al Alcanzar la Libertad Financiera ¿Cuánto Podemos Gastar?[2]
- Efecto combinado de ahorro y gasto.[3]

4.1. Ejemplo Sencillo

Vamos a suponer que ahorramos e invertimos un cierto capital a lo largo del tiempo.

Este capital puede haberse conseguido de múltiples maneras: vender una empresa, recibir una herencia, ganar la lotería, etc. En nuestro caso ha sido a través del ahorro y la inversión. La Figura 5 muestra un ejemplo de estas dos fases consecutivas.

En el ejemplo de la Figura 5, de una persona que trabaja, ahorra, e invierte; se tienen dos fases:

- Una fase de acumulación, donde se acumulan 6000 EUR al año durante 30 años. Se supone una rentabilidad de las inversiones del 4% anual (por decir una cantidad realista, ni mucho ni poco, que no está relacionado con la Regla del 4%). Para simplificar, suponemos que la inflación ya ha sido descontada.

- Una fase de vivir de las inversiones, en la que nos descapitalizamos de manera controlada. Tras llegar la cartera a tener un valor máximo, 337 kEUR, nos jubilamos. Entonces empezamos a extraer de la cartera 20 kEUR/año (suponemos que es una cantidad constante, todos los años la misma). Sin olvidar que el capital sigue invertido, y por lo tanto sigue creciendo ese 4% anual.

En este ejemplo, se extraen 20 kEUR/año de una cartera de 337 kEUR, lo que supone el 5.9% anual del valor inicial de la cartera. Como veremos, esta es una cantidad relativamente alta. Aún así, en estas condiciones, la cartera duraría 29 años.

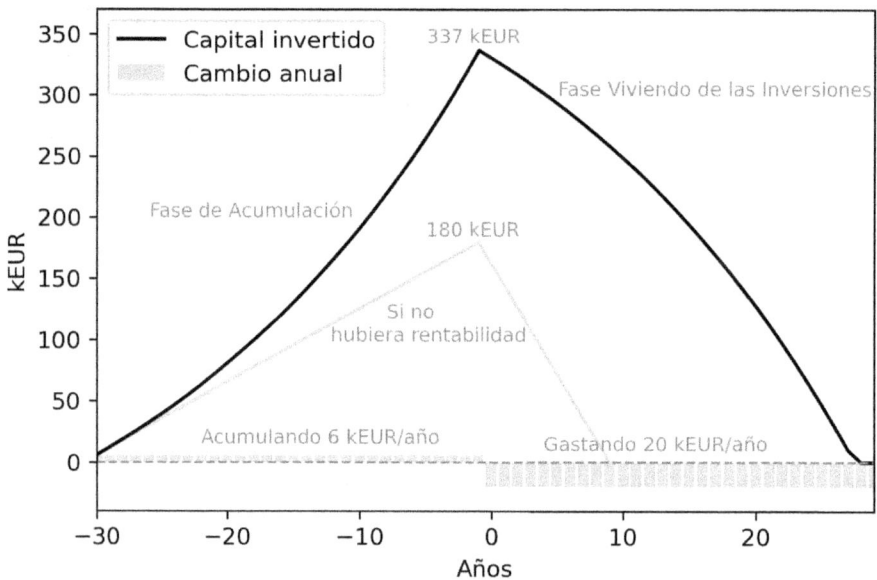

Figura 5. Las dos fases: una fase inicial de acumulación y otra viviendo de las inversiones.

La Figura 5 es una enorme simplificación de la realidad, porque la evolución de las inversiones nunca es sencilla y monótona, pero nos permite mostrar varias cosas:

- Durante la fase de acumulación, ahorrando 6 kEUR al año, ignorando inflación y sin haberlo invertido (no habríamos obtenido ninguna rentabilidad), tras 30 años habríamos acumulado 180 kEUR. Sin embargo, gracias al interés compuesto, realmente la cifra ha ascendido a 337 kEUR, porque hemos supuesto una rentabilidad del 4% anual.

- Durante la fase de vivir de las inversiones, estamos suponiendo que agotamos la cartera. Esta es una posibilidad, pero no tiene por qué ser así. Si hubiéramos extraído menos de 20 kEUR (el 5.9% del valor inicial de la cartera), la cartera habría durado más. Y de hecho, en este ejemplo irreal, si hubiéramos extraído cada año el 4%, que es lo que sube en este ejemplo la bolsa, la cartera nunca se agotaría. Ni en 30 años ni nunca jamás, duraría para siempre y sería recibida por nuestros herederos.

4.2. Años de Ahorro para Llegar a la Libertad Financiera

La Figura 6 muestra las ideas de la sección anterior, fase de acumulación y fase de Libertad Financiera en la misma gráfica: ahorrar durante unos años, invirtiéndolo, acumulando un capital, que genera unas rentas, que son capaces de cubrir nuestros gastos.

Suponemos tres posibles rentabilidades durante la fase de acumulación: que no haya ninguna rentabilidad, un humilde 4% anual, o un optimista 8% anual. Para simplificar, suponemos que a las rentabilidades se les ha descontado la inflación.

Al comenzar la fase de Libertad Financiera, calculamos el 4% del valor de la inversión, y esa cantidad es lo que extraemos el primer año y los sucesivos (esto es, la regla del 4%, como veremos en la Sección 5.4).

Nos interesa el porcentaje de ahorro de nuestro salario neto, esto es lo que mostramos en el eje horizontal. Un 40% de ahorro quiere decir que de nuestros ingresos (el 100%), ahorramos el 40% y gastamos en el día a día el 60% restante.

Por poner cifras realistas, una familia que ingrese 2000 euros al mes, con un porcentaje de ahorro del 40%, ahorraría 800 euros/mes y gastaría en gastos corrientes los 1200 euros/mes restantes.

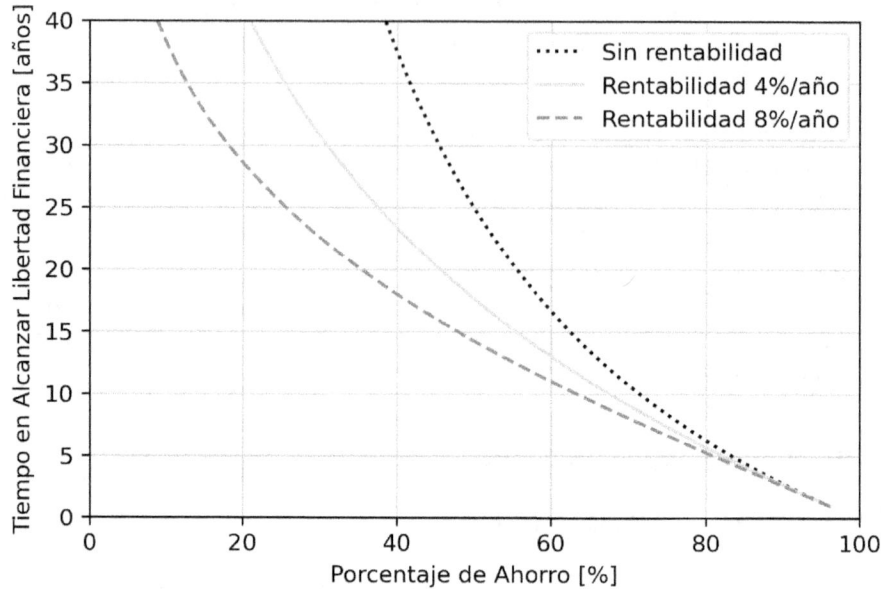

Figura 6. Número de años necesarios para llegar a la Libertad Financiera. Se suponen rentabilidades por encima de la inflación durante la fase de acumulación del 0%, 4%, y 8% anuales. Durante la fase de vivir de las inversiones, se usa la regla del 4%.

El punto fuerte de la Figura 6 es que dada una "fracción de ahorro" respecto del salario neto (ahorrar el 10%, 20%, etc.), entonces se puede calcular el número de años necesarios para vivir de lo que generan esas inversiones acumuladas.

Por ejemplo, una persona que ahorre el 30% de su sueldo (viviendo con el 70% restante), al cabo de 29 años invirtiendo acumulará un capital tal que le estará generando unas rentas iguales a ese 70% del sueldo con el que vivía.

Son cifras casi inalcanzables, pero recuerde que en España todo trabajador paga del orden del 1/3 del salario bruto como cotización a la Seguridad Social. Usted ya lo está ahorrando, solo que no lo va a poder disfrutar debido a la imposibilidad de las pensiones públicas de proporcionarle el servicio prometido. Sin embargo, fíjese que si usted gestionara ese 30% de su salario bruto tomado por la Seguridad Social, usted tendría su jubilación asegurada en unos 31 años (supuesta una humilde rentabilidad del 4% anual), y encima podría dejar herencia a sus descendientes.

La Tabla 2 muestra que el porcentaje de ahorro es un parámetro fundamental para alcanzar la Libertad Financiera. Afecta de dos maneras: por un lado porque cuanto mayor sea, más se ahorra y más se acumula. Y por otro lado porque cuanto mayor sea, menos gastos se tienen, y se necesita acumular menos.

Tabla 2. Número de años que hay que ahorrar e invertir según diferentes tasas de ahorro. Suponiendo en ambos casos (rentabilidad de las inversiones y Tasa Segura de Retorno), un 4% anual. Mismos datos que la Figura 6.

Fracción de Ahorro	Años Ahorrando
10%	59 años
20%	41 años
30%	31 años
40%	23 años
50%	18 años
60%	13 años
70%	9 años

Como nota de precaución, hay que comentar que la forma de incluir los impuestos en los cálculos es un tema complejo. En el caso de la Figura 6 y la Tabla 2 se están ignorando los impuestos, y eso crea una pequeña inconsistencia. El ahorro es del salario "neto", que es lo que está a nuestra disposición. Pero luego, el gasto es "bruto", antes de pagar impuestos. Este detalle hace que empeoren las cifras, pero el hecho de que se pueda ahorrar y alcanzar la Libertad Financiera no cambia.

Por otro lado, como comenta Josan Jarque en sus libros y charlas, un factor muy importante para el crecimiento de las inversiones es el tiempo. El tiempo es más importante que las cantidades invertidas. Esto es una consecuencia del crecimiento exponencial, de que las inversiones crecen un porcentaje a largo plazo, año a año, y no una cantidad fija en euros. Esto permite que personas de bajos ingresos, pero invirtiendo a largo plazo, puedan alcanzar cantidades invertidas relativamente grandes, quizás mayores que alguien que invierta cantidades mayores pero empiece a invertir más tarde.

[1]   https://losrevisionistas.wordpress.com/2017/01/12/para-alcanzar-la-libertad-financiera-cuanto-podemos-ahorrar/

[2]   https://losrevisionistas.wordpress.com/2017/01/13/al-alcanzar-la-libertad-financiera-cuanto-

podemos-gastar/

[3]   https://losrevisionistas.wordpress.com/2017/01/14/libertad-financiera-efecto-combinado-de-ahorro-y-gasto/

Capítulo 5. Estrategias de Tasas de Retiro

Este es el capítulo principal de este libro. Llegados a este punto, tenemos un capital invertido y queremos vivir de estas inversiones. Ahora podemos preguntarnos: ¿qué cantidad podemos retirar mensualmente o anualmente?

Para empezar, a la hora de retirar capital de la inversión, existen varias estrategias de tasas de retiro razonables. El inversor tiene que preguntarse ¿cuales son mis necesidades?

- ¿Necesito tener la estabilidad y sencillez de retirar cantidades fijas?
- ¿Necesito mantener el poder adquisitivo a largo plazo?
- ¿Necesito mantener la mayor parte del capital a largo plazo, para que lo hereden mis hijos?
- ¿O prefiero apurar y vivir al límite, de forma que el último día de nuestra vida, en el lecho de muerte, el capital justo se agote?

Vamos a estudiar varias estrategias, las cuales establecen unas reglas sencillas, automáticas, bien definidas y argumentadas. Estas reglas nos van a dar una cierta confianza de cumplir nuestros objetivos, y nos evitarán tomar decisiones en caliente que puedan ser potencialmente incorrectas.

Cada estrategia favorece unas necesidades en detrimento de otras. No hay una solución perfecta, pero sí estrategias mejores que otras para cubrir nuestras necesidades. La Tabla 3 presenta las estrategias que se van a comentar.

Hay otras estrategias además de las aquí estudiadas, pero tienen menos interés porque o bien añaden complejidad en su implementación, o bien tienen una rentabilidad muy baja (como por ejemplo las anualidades vitalicias que proporcionan las empresas de seguros).

A grandes rasgos, tenemos que elegir entre una de estas dos opciones (o una combinación de ambas, pero nunca ambas a la vez):

- Tener estabilidad en la cantidad mensual/anual de la que vivimos, a cambio de la incertidumbre de no saber cuándo se agotará el capital invertido, o
- saber cuándo se agotará el capital invertido, a cambio de que la cantidad mensual/anual de la que vivimos sea muy variable.

Tabla 3. Estrategias para vivir de las inversiones que se comentan en este libro.

Estrategia	Descripción
Dividendos	Quedarse con los dividendos repartidos por la inversión, y mantener el capital invertido intacto.
Porcentaje Constante	Extraer un porcentaje del capital anualmente.
Años Restantes	Estimar la duración de la cartera, y repartirlo a partes iguales entre los años restantes.
Capacidad de Compra Constante	Extraer un porcentaje del capital inicial, corrigiendo año a año por la inflación. Esta estrategia da origen a la regla del 4%.
Porcentaje Variable	Extraer de la cartera un porcentaje, en función de los años restantes y la rentabilidad esperada durante esos años futuros.
Dinámica de Vanguard	Estrategia intermedia entre la Capacidad de Compra Constante y el Porcentaje Constante.

Se podrían clasificar las estrategias de la Tabla 3 de este modo:

1. Hay estrategias que intentan "mantener un nivel de gasto" constante, a costa de tener el riesgo de que el capital de la cartera se agote antes de lo deseable. La Estrategia de **Capacidad de Compra Constante** es el mejor ejemplo, y la Estrategia **Dinámica de Vanguard** es una posible mejora.

2. Y hay estrategias que intentan "asegurar que la cartera no se agotará" durante nuestra vida, a costa de que el gasto pueda variar mucho de año a año. Aquí encontramos dos subgrupos:

   a. La estrategia de vivir de los **Dividendos** y la de **Porcentaje**

Constante aseguran que la cartera "jamás se agotará".

b. La Estrategia de los **Años Restantes** y la de **Porcentaje Variable** aseguran que la cartera "durará un número de años finito", tanto como necesitemos.

Todo el problema deriva de que la inversión conlleva incertidumbre. Invertir en bolsa y seguir al mercado es barato, pero reducir la incertidumbre es caro. Caro en el sentido de que invertir una parte de la cartera en bonos gubernamentales para reducir la volatilidad, implica no poder invertir esa parte en acciones, por lo que se pierde rentabilidad potencial, que de alguna manera se equipara con un coste.

Finalmente, los porcentajes de los activos en las carteras se consideran constantes (o cuasi constantes, como la regla de "la edad en bonos"). Como se dice en vocabulario financiero, el objetivo es "mantener el riesgo constante". Para ello se considera que se realizan rebalanceos periódicos, que en la práctica consisten fundamentalmente en vender aquellos activos que tengan un porcentaje superior al que les corresponda.

5.1. Estrategia de Dividendos

Lo siguiente es una aproximación sencilla a lo que sería vivir de los dividendos.

Invertir en dividendos es una posibilidad que podemos seguir, pero hay que estudiar es si es óptima o no para cada inversor.

5.1.1. Descripción

Supongamos que tenemos inversiones en bolsa. Supongamos que son acciones diversificadas, por lo que en primera aproximación podemos suponer que se comportan como el promedio del mercado.

Supongamos que cuando recibimos los dividendos no los reinvertimos comprando más acciones, sino que pagamos nuestros gastos con esos dividendos. Esto es, vivimos de los ingresos de los dividendos.

En lo siguiente, por simplificar, agregamos juntas todas las estrategias relacionadas con dividendos, como aristócratas del dividendo, inversión en dividendos crecientes, y similares.

Podemos definir invertir en dividendos como (del libro "Cómo Vivir de las Rentas" de Josan Jarque):

> Comprar acciones de empresas grandes, consolidadas, en sectores estables, con perspectivas positivas, y con beneficios suficientes para repartir dividendos sin descapitalizarse.
>
> Realizando compras espaciadas en el tiempo, y diversificando en distintas empresas, sectores, países y monedas.
>
> — Josan Jarque y Gregorio Hernández Jiménez

5.1.2. Comportamiento

En esta sección vamos a estudiar el comportamiento de los dividendos distribuidos en bolsa. Estos son datos reales de la bolsa de EEUU proporcionados por Robert J. Shiller (ver Capítulo 8).

5.1.2.1. Evolución de los Dividendos desde 1970

La Figura 7 muestra la evolución de los dividendos desde 1970 (gráfica superior), y también muestra el valor del índice de la bolsa de EEUU (gráfica inferior). Ambas medidas están corregidas por inflación.

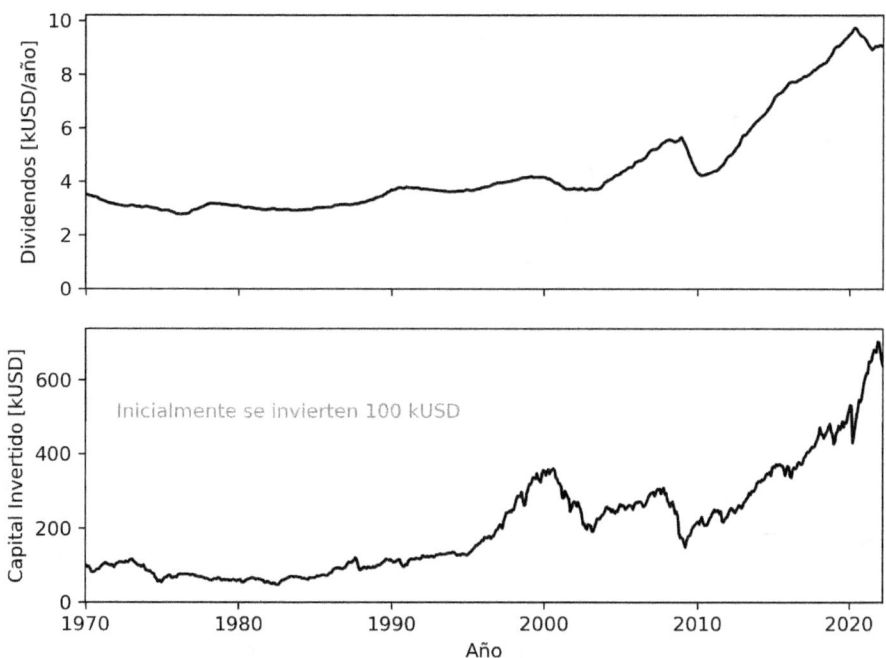

Figura 7. Evolución del precio de un índice de la bolsa de EEUU, y de los dividendos que proporcionaron esas acciones. Ambas medidas en USD corregidas por inflación (a fecha 2022). Se supone que se invierten 100 kUSD en 1970. Datos mensuales. Fuente: Shiller.

Se elige 1970 porque la política monetaria de los bancos centrales cambió en aquella época por el final de los acuerdos de Bretton Woods. En estos acuerdos se establecía que el dólar era convertible en una cantidad fija de oro (35 USD por onza de oro), y que las divisas de los demás países eran intercambiables por dólares. Esto es, el comportamiento de la economía mundial es distinto tras Bretton Woods.

5.1.2.2. Evolución de la Rentabilidad por Dividendos

En la Figura 7 se aprecia que hay una cierta proporcionalidad entre los dividendos y el valor del índice, cuando ambos están medidos en USD. Esto es natural, es la llamada "rentabilidad por dividendos".

La Figura 8 muestra esta "rentabilidad por dividendos" desde 1970. Matemáticamente es el dividendo repartido por las empresas del índice, dividido entre el valor del índice. Es dividir entre sí las dos gráficas de la Figura 7.

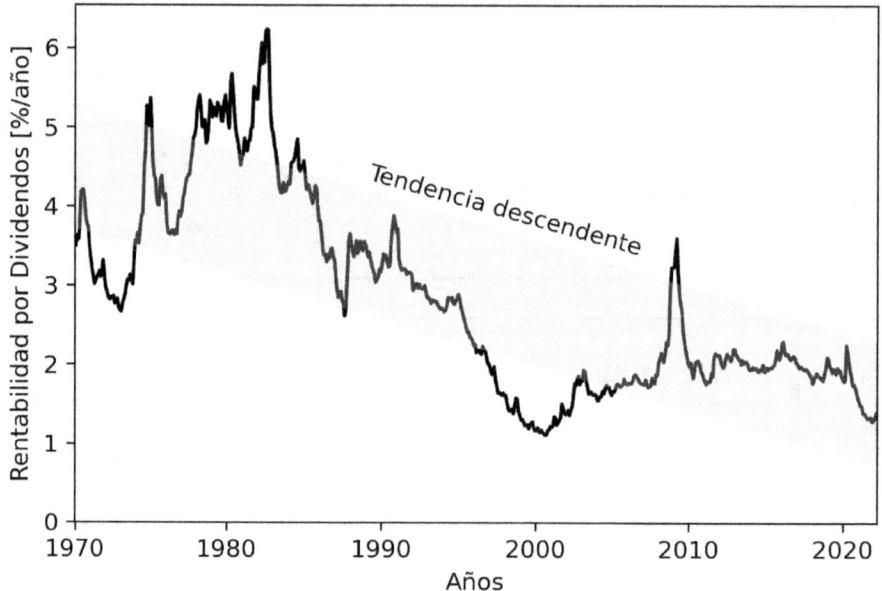

Figura 8. Evolución de la rentabilidad por dividendos en empresas de EEUU. Se aprecia una tendencia hacia su disminución (note la tendencia como una franja gris). Son valores mensuales, extrapolados a valores anuales.

Durante la década de los 70, 80, y 90, la rentabilidad ha sido relativamente alta, del orden del 4%. Sin embargo, desde el año 2000 la rentabilidad está alrededor del 2%.

Se aprecian las crisis y burbujas:

- En el año 2000 la bolsa de EEUU estaba en máximos, y por ello, al dividir los dividendos entre un valor del índice muy alto, se obtiene una rentabilidad por dividendos relativamente baja.

- En el año 2009 se produjo la gran crisis financiera, el valor del índice bajó a la mitad, por lo que la rentabilidad por dividendos casi de dobló.

La Figura 9 muestra la relación entre los dividendos proporcionados por las empresas y el precio del índice de referencia. Cada punto indica un valor mensual. Se aprecian las diferentes crisis (note las etiquetas con los años en la gráfica). Se indica además una banda gris diagonal que marca la zona donde los dividendos son el 2% del valor del índice, que es el valor promedio durante los últimos años.

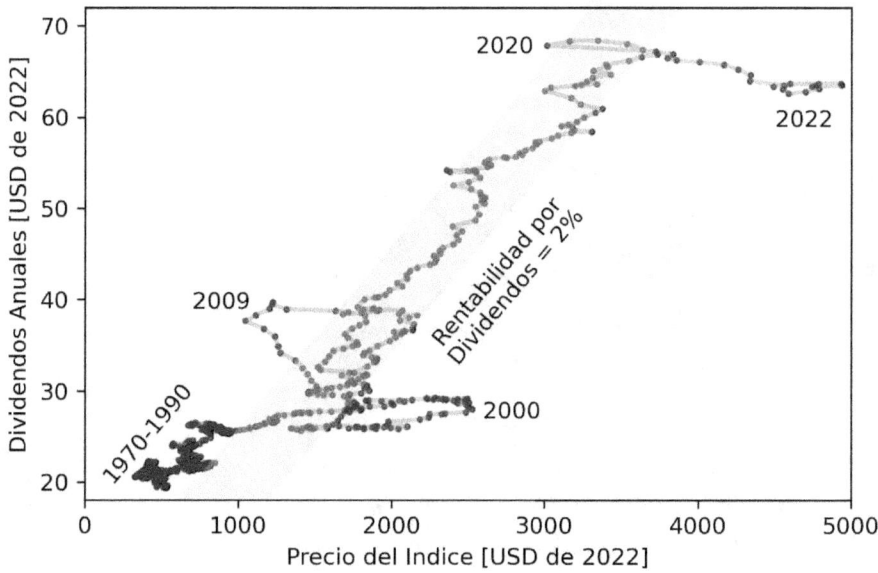

Figura 9. Dividendos vs precio del índice. La diagonal gris gruesa indica los puntos en los que la rentabilidad por dividendos fue del 2% anual. Históricamente (1871-1990) la rentabilidad por dividendos ha estado a la izquierda de la banda (rentabilidad mayor del 2%), pero en los últimos años (a partir de 2021) la rentabilidad por dividendos se encuentra a la derecha de la banda (rentabilidad menor del 2%).

Ya hemos visto el comportamiento de los dividendos con el tiempo, y ahora mostramos en la Figura 10 la distribución de las rentabilidades por dividendos desde 1970 hasta 2022.

Los valores máximos de hasta el 5.5% anual (en la zona derecha) son de la década de 1980.

Los valores mínimos, en torno al 1% (en la zona izquierda), se han producido cuando la bolsa de EEUU estaba muy cara, en el año 2000 y en 2022. En cualquier caso, durante los últimos años, y parece que el futuro nos depara bajas rentabilidades por dividendos.

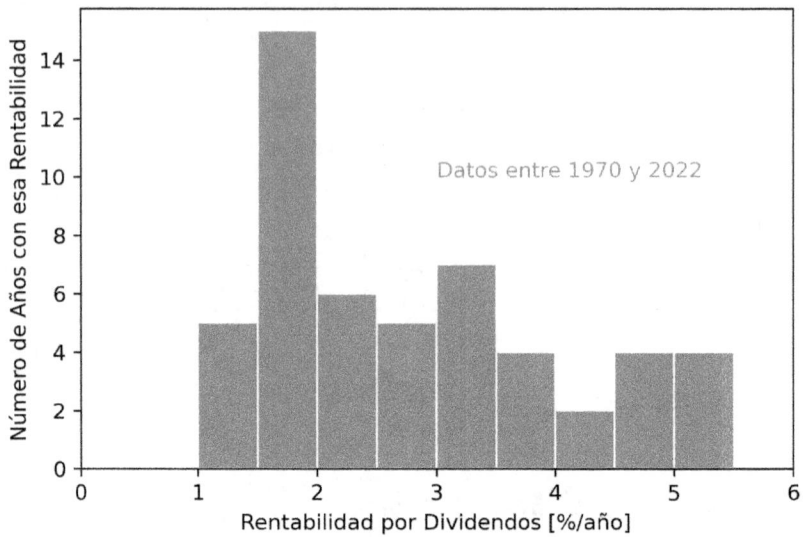

Figura 10. Histograma de la rentabilidad por dividendos. Son medidas anuales entre 1972 y 2022. El pico entre 1.5%-2.0% son las últimas décadas. Los valores de hasta 5.5% son de la década de 1980.

5.1.2.3. Datos Históricos de 30 Años

Pero la rentabilidad por dividendo es un parámetro engañoso, porque depende tanto del dividendo como del valor del índice de acciones. Veamos ahora en la Figura 11 esos mismos dividendos pero en USD.

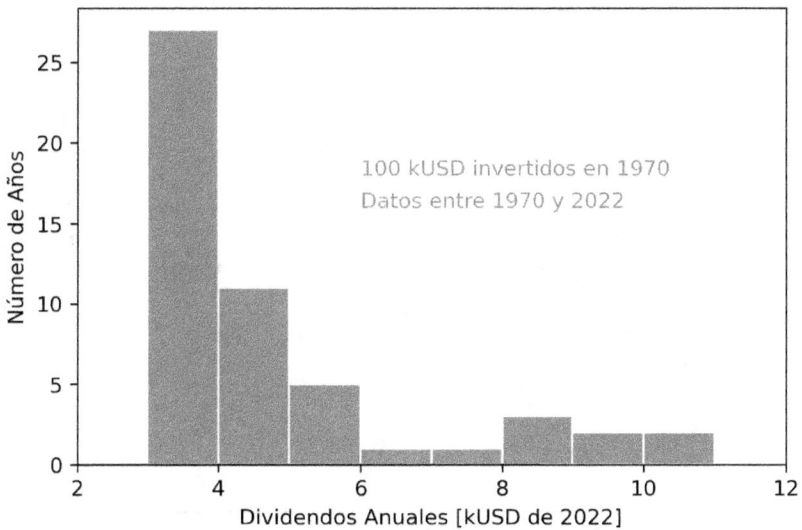

Figura 11. Histograma de los dividendos distribuidos, habiendo invertido 100 kUSD en 1970. USD de 2022, corregidos de inflación.

Si retiramos los dividendos según se van generando, y no los reinvertimos, nos encontramos con que el valor de la inversión evoluciona en paralelo con el valor del índice de la bolsa. De esta forma podemos calcular el capital final tras 30 años. Esto es lo que se muestra en la Figura 12, suponiendo que el capital inicial es de 100 kUSD, por conveniencia (para cualquier otra cantidad es fácil de calcular porque son proporcionales).

Resulta que el capital final tras 30 años es como mínimo 200 kUSD (el doble del capital inicial), y puede ser tan grande como 600 kUSD (seis veces el capital inicial). Ambos niveles están marcados en la gráfica con líneas horizontales discontinuas.

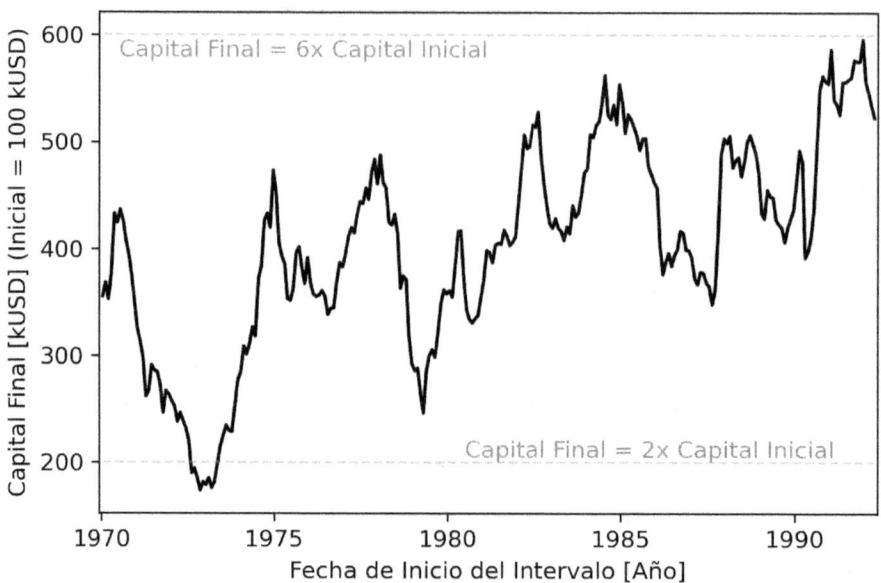

Figura 12. Capital final que se obtendría si se invirtieran 100 kUSD en la fecha de inicio indicada en el eje horizontal y se mantuviera la inversión durante 30 años. Datos mensuales, corregidos por inflación, sin reinvertir dividendos. Fuente: Robert J. Shiller.

Como curiosidad, fíjese que en la Figura 12 (capital final tras 30 años invertidos) hay un mínimo en el año 1973 alrededor de 180 kUSD. Esto se debe a que, comparando con la Figura 7 (panel inferior sobre la evolución del índice de precio de la bolsa de EEUU), en 1973 hubo un **máximo** local en torno a un valor 110. 30 años más tarde, en el año 2003 hay un **mínimo** local en torno a 200. Esta evolución, desde un valor del índice de 110 en 1973 hasta 200 en 2003, implica una multiplicación del valor inicial de alrededor de 1.8. Esta es la razón por la cuál en la Figura 12, a fecha 1973, encontramos que la cartera habría alcanzado un valor mínimo de 180 kUSD, que son las 1.8 veces que ha crecido el índice entre 1973 y 2003.

Finalmente, la Figura 13 muestra un histograma con todos los capitales finales tras 30 años. Son básicamente los mismos datos que la Figura 12, pero mostrados de otra forma. De nuevo se aprecia que se acaba con entre el doble y seis veces más capital que el inicial (y como ya hemos comentado, habiendo corregido por inflación).

Interesante. Obviamente, la cartera nunca se agota, duraría eternamente distribuyendo dividendos.

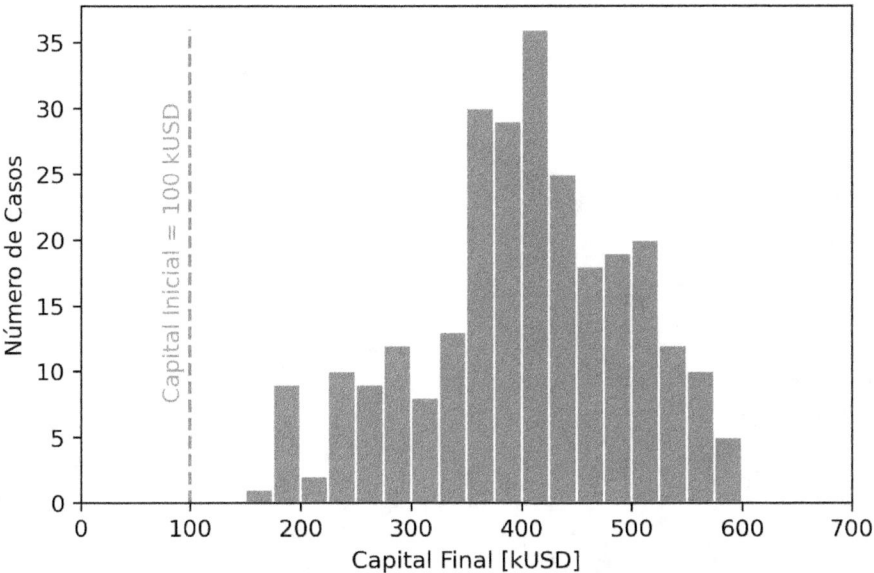

Figura 13. Histograma del capital final tras 30 años invertidos. Mismos datos que la Figura 12.

Y no solo no se agota, sino que nunca cae por debajo de su valor inicial (elegido arbitrariamente como 100 kUSD). Habitualmente, tras 30 años, está entre 200 kUSD y 600 kUSD (2 y 6 veces el valor inicial).

5.1.3. Dividendos y Mercados Eficientes

Vamos a justificar ahora que la rentabilidad que se puede obtener por invertir en dividendos es similar a la rentabilidad obtenida por invertir en acciones diversificadas.

Esta no es una crítica a la inversión en dividendos, sino la justificación que permite aplicar el mismo tratamiento a la inversión en dividendos que invertir de manera indexada.

5.1.3.1. La Teoría

La idea de vender parte de la cartera para obtener rentas está justificada por los estudios financieros. Hay una equivalencia entre el precio de la acción y los dividendos repartidos. Ambos provienen de la misma fuente, de los beneficios de la empresa. Esta idea teórica se muestra en la Figura

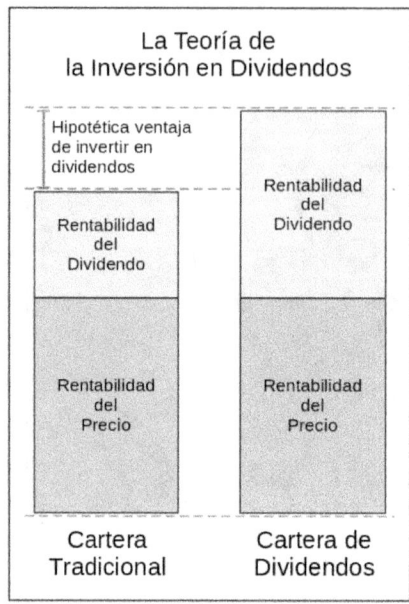
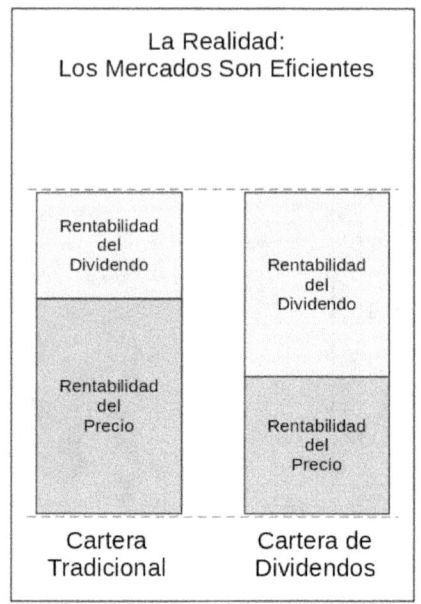

Figura 14. Si suponemos que los mercados son eficientes, las rentabilidades esperadas por una cartera diversificada y otra basada en dividendos han de ser similares. Fuente: Early Retirement Now.

La Figura 14 no es más que un diagrama sencillo, pero está describiendo una situación real. Si invertir en dividendos proporcionara mayores rentabilidades que invertir en acciones diversificadas, los fondos de Wall Street estarían haciendo uso de esta ineficiencia en el mercado.

Por ejemplo, si invertir en dividendos proporcionara un 1% anual por encima de invertir en el promedio del mercado, cualquier fondo de inversión podría explotar esta ineficiencia.

Este 1% de rentabilidad "sin riesgo" es el Santo Grial que buscan en Wall Street. Los fondos alternativos podrían apalancarse fácilmente, por ejemplo un factor x5, obteniendo así una rentabilidad anual constante del 5%, independientemente del comportamiento del mercado.

Pero si algún fondo alternativo siguiera esta estrategia y consiguiera este beneficio sin riesgo, otros fondos alternativos se enterarían, vendrían, competirían entre sí, modificarían el precio de los activos, y su efecto sobre el mercado será reducir ese beneficio hasta hacerlo desaparecer, hasta volver al mercado eficiente.

5.1.3.2. La Práctica

No solo es la teoría, también la práctica. La inversión en dividendos obtiene resultados similares a invertir en todo el mercado de acciones.

Una forma de confirmarlo es analizar los ETFs que invierten en acciones. Los ETFs cotizan en bolsa y por ello son muy transparentes. Como hay ETFs de cualquier estrategia, sirven muy bien para estimar qué rentabilidad habría obtenido exactamente un inversor con cada estrategia.

Una buena fuente de información sobre ETFs en Europa es JustETF.[1] Tienen unos listados de ETFs que implementan diferentes estrategias. Por ejemplo:

- Dividendos de empresas globales[2]
- Dividendos de empresas europeas[3]

Un vistazo rápido por esas webs nos demuestra que los ETFs que invierten en una estrategia basada en dividendos han obtenido durante los últimos años rentabilidades similares a inversiones en acciones diversificadas. Ver por ejemplo las hojas informativas de índices como:

- *S&P Euro High Yield Dividend Aristocrats*[4]
- *S&P Global Dividend Aristocrats*[5]

La Figura 15 muestra el ETF con fecha de creación más antigua que hemos encontrado que invierte en una estrategia de dividendos (DVY), y lo comparamos con una referencia sencilla y barata (SPY). Ojo: Ambos ETFs están domiciliados en EEUU, no están accesibles a pequeños inversores europeos.

- El iShares Select Dividend (DVY)[6], con un coste anual del 0.38% y una rentabilidad por dividendos del 3%.
- El SPDR S&P 500 ETF Trust (SPY)[7], que invierte en empresas de gran capitalización de EEUU, de manera diversificada y sencilla. Tiene un coste anual de solo 0.09% y una rentabilidad anual por dividendos del 1.5%.

Y ahora podríamos pensar: es mejor recibir un 3% de dividendos en vez de un 1.5%. Pero veamos antes la Figura 15. En ella se muestra el valor de la cartera a lo largo de los años, pero ojo, considerando que los dividendos repartidos se reinvierten.

Se puede apreciar que el comportamiento de nuestra cartera sería parecida tanto en DVY como en SPY. De forma excepcional, el SPY ha subido más que el DVY durante el periodo 2020-2022 debido a tener mayor peso de empresas tecnológicas. Pero como decimos, esto ha sido excepcional.

Lo único seguro es el coste. El mayor coste del DVY frente al SPY (0.38% vs 0.09%) le hace perder algo de rentabilidad a largo plazo. Seguramente, parte de la ventaja del SPY frente al DVY se deba a este 0.29% anual de menor coste acumulado durante los 18 años mostrados en la gráfica.

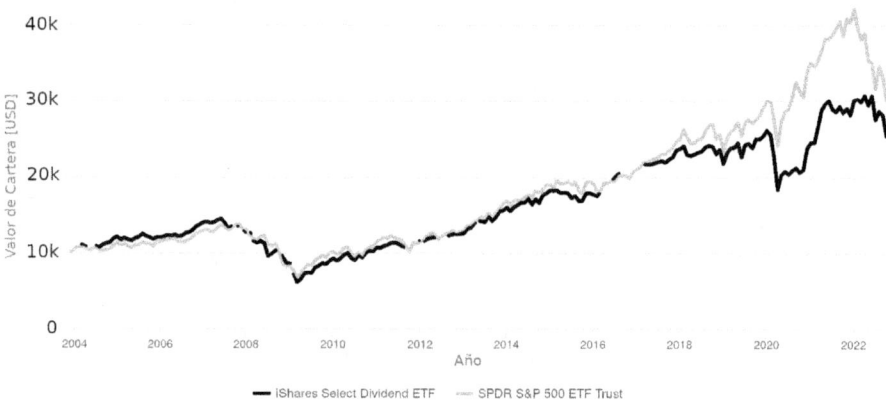

Figura 15. Comparativa entre dos ETFs domiciliados en EEUU: el SPY (S&P 500) y DVY (basado en dividendos). Entre 2004 y 2022, habiendo descontado la inflación. Fuente: Portfolio Visualizer.

Por lo tanto, la Figura 15 (y muchas otras similares que se pueden encontrar) justifica que los mercados sean eficientes, y que las empresas que proporcionan dividendos no obtengan una rentabilidad total superior a la del conjunto del mercado.

Nota: Justificaciones bien fundamentadas a favor de la inversión pasiva frente a la inversión activa (siendo la inversión en dividendos una estrategia activa) se muestran en el excelente libro "Un Paseo Aleatorio por Wall Street" de Burton G. Malkiel (la mejor justificación de la inversión pasiva), y nuestro libro "Carteras para Pequeños Inversores".

5.1.3.3. Los Impuestos

Otra forma de ver la equivalencia entre dividendos y ganancias de capital es ver cómo se tratan ambos a la hora de pagar los impuestos anuales (el IRPF en España).

Lo normal en todos los países es que se apliquen los mismos porcentajes a ambas fuentes de ingresos. Y que la normativa sea muy similar entre ambas fuentes de ingresos. Esto es, las autoridades consideran estas fuentes de ingresos de manera similar.

Otra cosa es que los dividendos, de cara al pago de impuestos, son como una venta forzada de las acciones. Forzada porque tal vez usted no necesite en ese momento esos ingresos, podría haberlos dejado acumulando, tomando ventaja del interés compuesto.

Además, los dividendos pagan en su totalidad. Esto es, si recibe 100 EUR en dividendos y paga un 20% en impuestos, entonces ha de pagar 20 EUR.

Sin embargo, si usted invirtió 60 EUR, que con el paso de los años ha crecido a 100 EUR, y usted vende esa participación, usted pagará por la diferencia, por la ganancia de capital. Esto es, 40 EUR de ganancia de capital, al 20%, entonces en este ejemplo ha de pagar 8 EUR.

Por lo tanto, puesto que en ambos casos partimos de 100 EUR brutos, se puede argumentar que es mejor pagar 8 EUR (por ganancias de capital), en vez de 20 EUR (por dividendos).

Aunque ciertamente esto es algo muy personal, y cada inversor tendrá que pensar qué es lo que le conviene dadas sus circunstancias.

5.1.4. Comentarios

Invertir en una estrategia basada en dividendos no es es distinto de invertir en una inversión en acciones diversificadas.

Si las acciones en las que estamos invertidos proporcionan una rentabilidad por dividendos bajas (por ejemplo, del 1.5% anual como la bolsa de EEUU en 2022, ver la Figura 8), entonces esta es una estrategia conservadora. Está bien si el objetivo fundamental es que la cartera nunca se agote, y como objetivo secundario recibir algunos dividendos.

Como veremos, extraer de la cartera un 1.5% anual es una cantidad relativamente pequeña, se puede incrementar sin que la cartera se agote en ningún momento.

Eso sí, a cambio de apretarse el cinturón al principio, es de esperar que la cartera seguirá creciendo. A largo plazo, la cartera habrá crecido varias veces (entre 2 y 6 veces, según la Figura 13). De este modo, debido al crecimiento de la cartera a largo plazo, también se acaban recibiendo enormes cantidades de dividendos.

Si el objetivo es que la cartera siga creciendo indefinidamente, invertir en dividendos es una buena opción.

Si el objetivo es maximizar las rentas de la cartera, con la condición de que la cartera no se agote nunca, entonces invertir en dividendos no es óptimo. Se pueden extraer mayores rentas de la cartera más allá de los dividendos, porque se puede vender parte de la cartera.

Por otro lado, si las acciones en las que estamos invertidos proporcionan una rentabilidad por dividendos muy alta (como el 6% del índice "IBEX Top Dividendo"[8]), es de esperar que la cartera se descapitalice a largo plazo, como veremos en las secciones siguientes.

Por lo tanto, la rentabilidad que recibimos por los dividendos es una característica de la cartera de inversión que hayamos seleccionado. Pero como veremos, podemos preferir elegir nosotros mismos la cantidad a retirar de la inversión. Tener esa flexibilidad, en vez de estar obligados a recibir los dividendos. Porque los dividendos son variables, y podemos desear tener más estabilidad (veremos más adelante la estrategia de Capacidad de Compra Constante).

Porque invertir en dividendos nos obliga a "hacer ajustes" más allá de recibir dividendos. Esto es:

• Si recibimos más dividendos de los que queremos, tendremos que comprar acciones, y pagar comisión por ello. Una comisión que no habríamos pagado con fondos de acumulación. Y también pagar impuestos.

• Si recibimos menos dividendos de los que queremos, tendremos que vender acciones, como si fuera un fondo de acumulación.

Puesto que tendremos que comprar o vender participaciones (porque los dividendos repartidos serán demasiados o muy pocos), tiene sentido incorporar esta idea como parte integrante de la estrategia, no como un efecto secundario.

Vender participaciones, descapitalizarse, no será algo negativo sino una característica necesaria y bajo control.

También hay que tener en cuenta que una cartera de empresas que reparten dividendos da mucho trabajo. Si se hace a nivel personal, se acaba convirtiendo en un hobby. Esto tiene sentido, pero siendo muchas empresas, mucho papeleo, dividendos internacionales, tiene sentido simplificar. Ya que su rentabilidad va a ser similar a la del mercado, ¿no cree que tiene sentido comprar simplemente el mercado? Y hacer esto es muy fácil hoy en día con fondos indexados.

> Los fondos indexados eliminan el riesgo de las acciones de empresas individuales, de sectores económicos, del gestor del fondo. Solo permanece el riesgo del mercado en su conjunto.
>
> — Jack Bogle, fundador de Vanguard

Entonces ¿hay alguna forma de extraer mayores rentas de la cartera y evitar que crezca indefinidamente? Lo veremos en la próxima sección.

5.2. Estrategia de Porcentaje Constante

Hemos visto en la sección anterior, sobre dividendos, que si disponemos de una cartera de la que extraemos los dividendos, es de esperar que el valor de la cartera crezca indefinidamente. Esto se debe a que el capital invertido sigue (en principio) creciendo. Esta característica puede ser deseable por algunos inversores, pero otros pueden desear maximizar la tasa de retiro, con la condición de que el capital nunca se agote.

El hecho de que la cartera crezca indefinidamente puede no tener valor para el inversor, puesto que cuando este muera, la cartera deja de tener importancia. Y en el caso de querer dejar herencia, como es normal, dejar varias veces más del capital inicial parece excesivo a todas luces.

¿Hay alguna estrategia que mantenga el capital invertido dentro de unos límites razonables, impidiendo que crezca indefinidamente? Y para conseguir eso, ¿podemos imaginar una tasa de retiro que crezca cuando el capital invertido crece y disminuya cuando el capital invertido disminuye?

Nota importante: Esta **no** es la famosa estrategia de la Regla del 4%, que es algo más elaborada y la veremos en la Sección 5.4.

5.2.1. Descripción

Vamos a suponer una tasa de retiro que es proporcional al capital invertido "en cada año". Simplemente se elige ese porcentaje al principio y se mantiene constante en años sucesivos. Es una estrategia muy sencilla.

Esta estrategia ajusta las retiradas de dinero al rendimiento de la bolsa. Cuando a la bolsa le va mal, se retira menos dinero. Esto mejora la estabilidad a largo plazo de la cartera. Cuando a la bolsa le va bien, se retira más. Vea la Tabla 4, donde suponemos una tasa de retiro del 4%.

1. Se empieza el primer año con "100 unidades" invertidas (esto es: 100 kEUR, 100 millones de EUR, o lo que sea). Durante el año se extrae de la cartera el 4%, que es 4.00 (4.00 kEUR, 4.00 millones de EUR, o lo que sea). Típicamente una parte serán dividendos, y la otra parte venta de acciones. Como hemos visto en Figura 14, ambos son equivalentes desde el punto de vista financiero.

2. El segundo año, empezamos con 96.00 unidades (porque el primer año empezamos con 100.00, y retiramos 4.00) de capital. Calculamos el 4% de 96.00, que son 3.84.

3. El tercer año comenzamos con 92.16 unidades (porque el segundo año empezamos con 96.00, y retiramos 3.84) de capital. Calculamos el 4% de 92.16, que son 3.69.

4. Y así sucesivamente con los años siguientes.

Tabla 4. Estrategia de Porcentaje Constante, ejemplo con tasa de retiro del 4% anual y sin rentabilidad.

Año	Capital a Comienzo de Año	Cantidad Retirada Durante el Año
1	100.00	4.00
2	96.00	3.84
3	92.16	3.69
...	...	...

5.2.2. Análisis

Vamos a estudiar esta estrategia, primero con datos reales y luego con datos simulados.

5.2.2.1. Datos Reales

Simulamos en esta sección el comportamiento de una cartera cuando se extraen porcentajes constantes (todos los años el mismo porcentaje de la cartera). Son datos reales para una cartera invertida 100% en acciones de EEUU, tomando los datos de Shiller.

La Figura 16 muestra la evolución de la cartera. Suponemos que comenzamos invirtiendo 100 kUSD en 1992. La línea discontinua muestra el comportamiento del mercado. Se considera la rentabilidad total bruta, incluyendo los dividendos. Además, se descuenta la inflación.

En esta simulación, 100 kUSD invertidos en 1992 habrían crecido hasta casi un millón de USD en el pico a primeros de 2022.

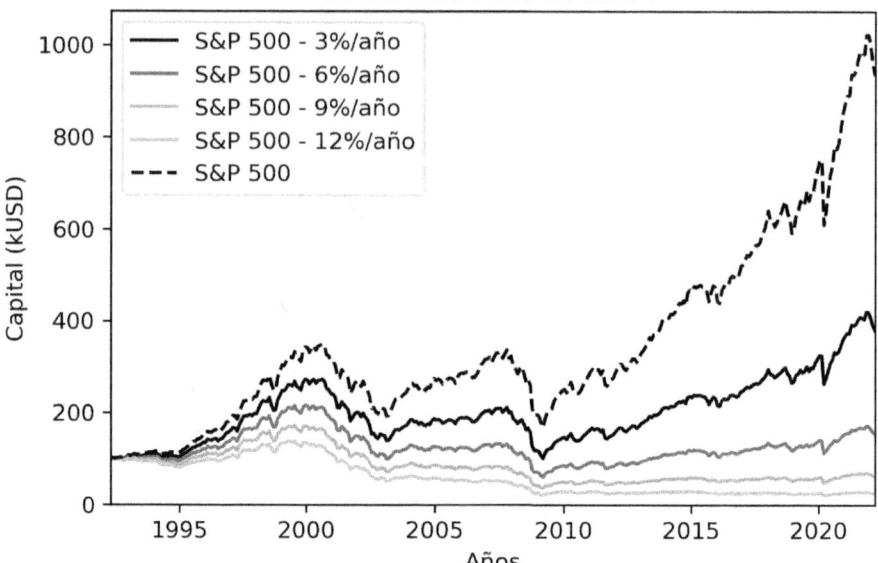

Figura 16. Evolución del capital de la cartera (en USD). La referencia es el "Mercado" (índice S&P 500), donde no se retira ningún capital, y luego se simulan 4 casos en los que se retira cada año el 3%, el 6%, el 9% o el 12% de la cartera. Todo esto suponiendo una inversión inicial de 100 kUSD, descontando la inflación.

En esta simulación, extraer un 3% de la cartera anualmente hace que tras 30 años el valor de la cartera crezca hasta 300 kUSD. El efecto de este 3% ha ido limando poco a poco el valor de la cartera, porque si no hubiéramos extraído nada tendría un valor varias veces mayor.

Retirando porcentajes mayores (9% y 12%), el valor de la cartera disminuye rápidamente. El valor invertido ya nunca se recupera de los mínimos en 2003 y 2009.

La Figura 17 muestra las cantidades extraídas anualmente, medidas en kUSD. Suponiendo una inversión inicial en 1992 de 100 kUSD, como en la Figura 16.

Es una gráfica que puede resultar confusa, porque se indica la cantidad retirada "anualmente", pero la resolución de la gráfica es "mensual".

Los primeros puntos de cada gráfica, en 1992, dejan claro que siendo la inversión inicial 100 kUSD y los diferentes porcentajes (3%, 6%, 9%, y 12%), se retiran anualmente 3 kUSD, 6 kUSD, 9 kUSD, y 12 kUSD.

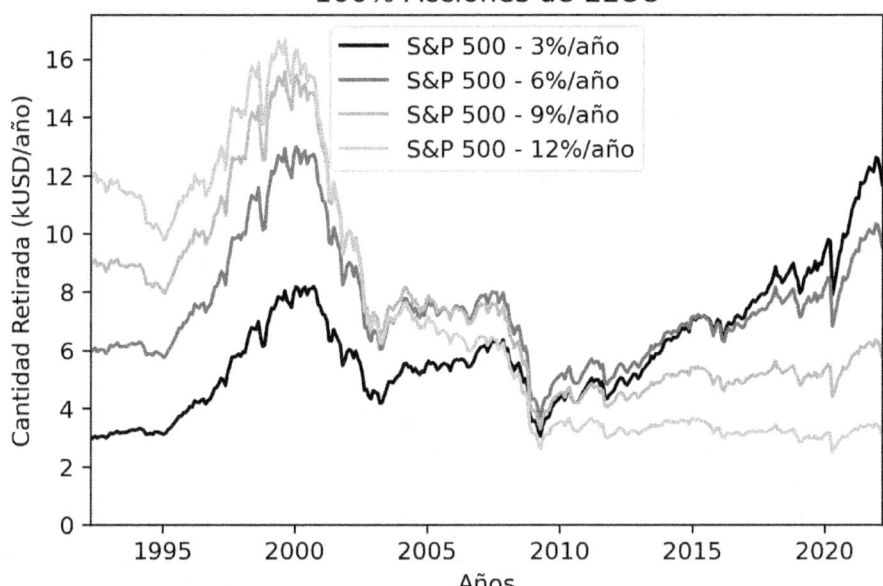

Figura 17. Cantidades extraidas de la cartera (en USD) para varios porcentajes, suponiendo una inversión inicial de 100 kUSD.

Como se aprecia, si se extrae mucho al principio, a largo plazo las cantidades bajan. En el caso de invertir 100 kUSD y extraer el 12% anual, el primer año se extraen 12 kUSD, en el año 2000 16 kUSD, y en el último año son solo 3 kUSD. Hay un factor 5 de diferencia entre el máximo y el mínimo. Es una diferencia muy grande para planificar rentas futuras.

Hasta la estrategia de 3% consigue proporcionar unas rentas mayores al final del periodo (en 2022, donde alcanza cerca de 10 kUSD/año). Y encima con el valor de la cartera habiendo crecido 3 veces (ver la Figura 16).

Comparando con la Figura 16, se aprecia que las estrategias de retirar porcentajes 9% y 12% no son sostenibles a largo plazo. No puede proporcionar esas cantidades anuales, las carteras se acaban agotando. Y esto a pesar de que estos últimos años han sido excepcionalmente buenos para la bolsa.

5.2.2.2. Datos Simulados

Vamos a simular ahora dos carteras, tomando datos de la Tabla 8:

- 100% Acciones de EEUU.

- Cartera 60% acciones y 40% bonos.

Realizamos simulaciones de 30 años de duración, extrayendo diferentes porcentajes anuales (porcentajes calculados al capital presente ese año en la cartera), suponiendo una cartera inicial de 100 kEUR.

Estudiamos dos parámetros:

- El capital final, en kEUR.
- Las cantidades retiradas, en kEUR/año.

Gráfica de Capital Final

La Figura 18 muestra el comportamiento de estas dos carteras, para diferentes porcentajes constantes de retiro.

La cartera compuesta por 100% acciones se muestra como la zona gris claro, y la cartera 60%/40% como la zona gris oscuro. Note que la zona gris oscuro (cartera 60/40) está dentro de la zona gris claro (100% acciones), que es un área mayor.

Las líneas se refieren a:

- Valor máximo representativo de la cartera al final de los 30 años. Se toma aquí el valor que deja el 80% de los casos por debajo (la mayor parte de los casos son peores), pero deja el 20% de los casos por encima (que son mejores aún). Lo hacemos así para no representar los casos mejores, que son extremadamente optimistas, llegando a millones de EUR.
- Valor mínimo representativo de la cartera al final de los 30 años. Tomamos el valor que deja por debajo al 20% de los casos peores, y por encima al 80% de los casos.

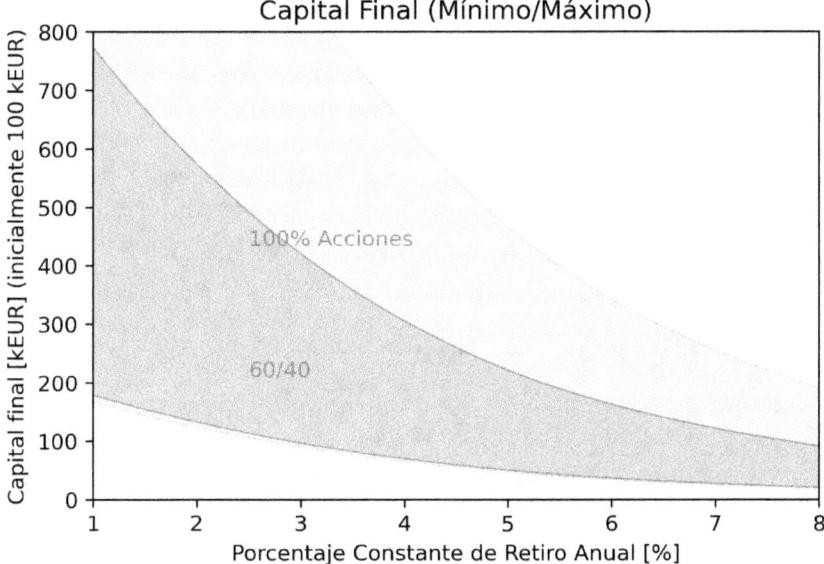

Figura 18. Capital final (eje vertical) de dos carteras (100% acciones y 60%/40%) para varios porcentajes de retiro (eje horizontal), suponiendo una inversión inicial de 100 kEUR y 30 años de duración de la inversión. Para cada porcentaje, se muestra el mínimo y el máximo de todas esas simulaciones.

Lo importante es centrarse en los casos centrales, y con un ojo puesto en los casos peores.

Tomemos un ejemplo para explicar la Figura 18. Supongamos la cartera de 60%/40%, para el caso de haber retirado el 4% anualmente durante los 30 años de la simulación. En ese caso nos encontramos con que:

- El 20% de las carteras acaban con un capital final menor de 80 kEUR, que es el valor inicial.

- El 20% de las carteras acaban con un capital final mayor de 300 kEUR.

- La mayor parte de las carteras (el 60%) acaban entremedias, entre 80 kEUR y 300 kEUR.

Como se aprecia en la Figura 18, el valor máximo es mucho mejor para la cartera de 100% acciones que para la 60/40. Esto es, la parte alta de las zonas sombreadas está más alta para la cartera compuesta por 100% acciones. Por otro lado, los casos peores (la parte baja de ambas zonas sombreadas) casi coincide. Esto es, los peores casos son similares en ambas.

Si tiene flexibilidad y no le importa el riesgo, según esta Figura 18, mejor elegir una cartera compuesta por 100% acciones y no una 60%/40%, porque ya que los casos peores esperados son similares, los casos mejores son mucho mejores para la cartera 100% acciones.

Sin embargo, el hecho de que los peores casos esperados coincidan es excepcional. En las próximas secciones veremos que es preferible invertir en carteras con menor volatilidad para obtener Tasas Seguras de Retiro mayores.

Gráfica de Cantidades Retiradas Anualmente

La Figura 19 muestra también las dos carteras indicadas anteriormente.

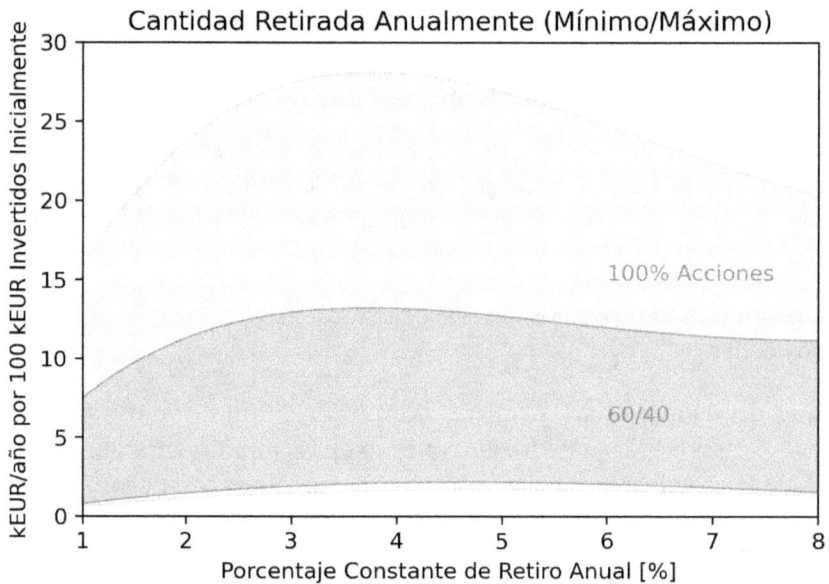

Figura 19. Cantidades extraidas de dos carteras (100% acciones y 60%/40%), para varios porcentajes de retiro, suponiendo una inversión inicial de 100 kEUR y 30 años de duración.

En este caso se realizan todas las simulaciones, y se estudian las cantidades retiradas.

De nuevo, la cartera compuesta por 100% acciones tiene mejores valores máximos que la cartera 60%/40%, y similares valores mínimos.

Se aprecia también que los casos peores (la parte baja de las zonas sombreadas) tienen un máximo en torno a 4%-5%. Esto es, si se retira un porcentaje muy pequeño de la cartera anualmente (<2%, por ejemplo), entonces la cartera no se agotará, pero estaremos retirando cantidades pequeñas en kEUR (posiblemente del orden de 1000 EUR/año). Por otro lado, si se retira un porcentaje muy grande de la cartera anualmente (>7%, por ejemplo), entonces la cartera se verá muy reducida en pocos años, y en estas condiciones el extraer un porcentaje alto de una cartera pequeña también implica cantidades pequeñas (de nuevo del orden de 1000 EUR/año)

5.2.2.3. Caso de Porcentaje Constante 4%

Si simulamos de nuevo dos carteras: 100% en acciones y 60%/40%. Realizamos 10000 simulaciones, suponemos siempre que extraemos el 4% del valor de la cartera cada año, y obtenemos las siguientes figuras.

Gráfica de Capital Final

La Figura 20 muestra que la cartera 100% acciones tiene más dispersión que la cartera 60%/40%. Esto ya lo vimos en la Figura 18.

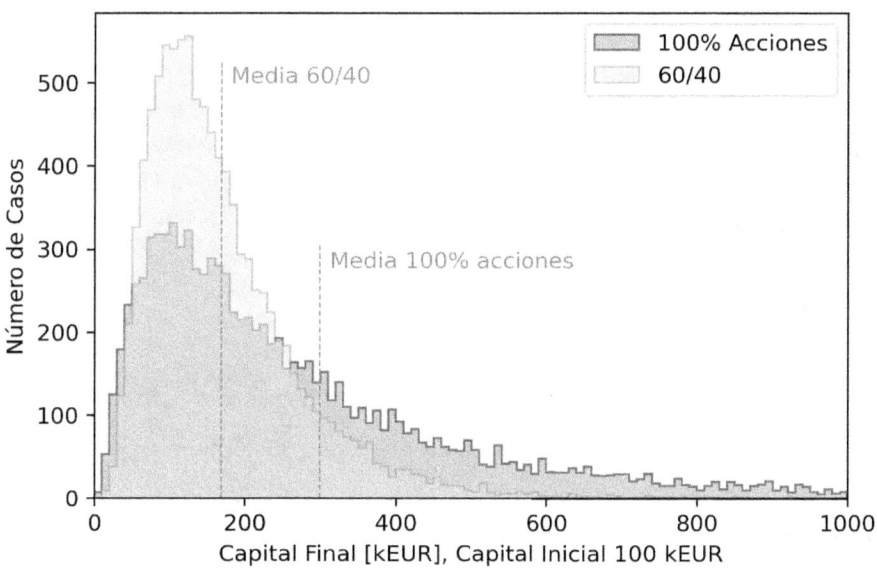

Figura 20. Capital final de la cartera para 4%, suponiendo una inversión inicial de 100 kEUR.

Asombrosamente, cuando las cosas van mal, a la cartera 100% acciones le va peor que a la 60%/40%. Esto se aprecia porque los casos en los que la cartera acaba con menos capital (zona izquierda) son en su mayoría casos de la cartera 100% acciones.

Aunque el "valor más frecuente" de las distribuciones de ambas carteras esté alrededor de 100 kEUR (los máximos de las gráficas), los valores promedios están más hacia la derecha. 170 kEUR para la cartera 60/40 y 300 kEUR para la cartera 100% acciones. Esto se debe a que las distribuciones no son simétricas. La cola hacia capitales finales muy altos es muy larga, especialmente para el caso de invertir 100% en acciones. Fíjese que la gráfica llega hasta 1000 kEUR (esto es, 1 millón de EUR), pero realmente hay casos aún más allá. Pero ojo, es como la lotería, estaría muy bien que tocara, pero es relativamente poco probable. Es recomendable fijarse en los casos peores y no en los mejores.

Gráfica de Cantidades Retiradas Anualmente

La Figura 21 indica las cantidades retiradas anualmente.

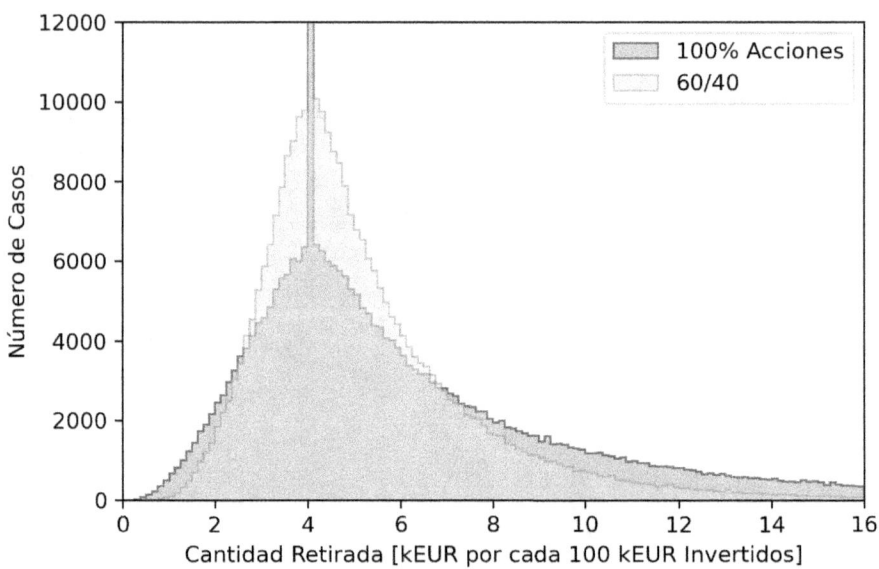

Figura 21. Cantidades retiradas de la cartera para 4%, suponiendo una inversión inicial de 100 kEUR.

Hay un pico a 4 kEUR, porque todas las simulaciones empiezan con 100 kEUR y retiran siempre el 4%.

Como la cartera 100% tiene más tendencia a agotarse, también es la que predomina con rentas más bajas.

La distribución de los casos de la cartera 60/40 está más concentrada, es más estrecha. Esto nos dice que es más predecible.

Por eso, aunque con ambas carteras vamos a retirar cantidades entre 3 kEUR/año y 7 kEUR/año, es un punto a favor de la cartera 60%/40% que sea más predecible y tenga menos casos extremos.

5.2.3. Comentarios

Como se extrae un porcentaje de la cartera, el valor de la cartera nunca se agota del todo. Pero esto se debe a un truco matemático. En la práctica, la cartera se vuelve tan minúscula que los porcentajes aplicados a ella implican retirar cantidades cada vez menores.

Las cantidades retiradas pueden variar mucho. Aun siendo porcentajes constantes, la cantidad real puede ser o muy alta o muy baja. Estaría bien limitar esto, y lo veremos en el Capítulo 6 sobre unas técnicas de mejora.

Si nos fijamos en los peores casos, cuando la cantidad retirada es más baja (Figura 19), que es lo que más nos debería preocupar, nos encontramos con que los porcentajes entre 3% y 5% son los más favorables.

Esta estrategia es una buena aproximación. Pero podemos preguntarnos si podemos ser más eficientes. Tal vez, al aceptar que la cartera nunca se agote, estamos perdiendo algo. Sin embargo, si forzamos a que la cartera se agote al final de los 30 años, ¿mejoran las propiedades de la estrategia? ¿mejoran las cantidades retiradas anualmente? Esto lo veremos en las próximas secciones.

5.3. Estrategia de Años Restantes

Imaginemos que queremos aprovechar la cartera al máximo, y que la cartera se agote justo en nuestro último año de vida. Esto es una exageración porque no sabemos cuándo vamos a morir, pero nos va a permitir extraer conclusiones interesantes.

En el caso de querer dejar capital a nuestros herederos, se puede considerar que se hacen dos partes. Una parte del capital se deja aparte y será en el futuro entregada a nuestros herederos. La otra parte continúa invertida y es la que vamos a dejar a cero el último año.

Podemos resolver con esta estrategia uno de los problemas de extraer un porcentaje constante (como se ha comentado en la Sección 5.2): que al aceptar que la cartera nunca se agote podemos acabar extrayendo cantidades anuales ínfimas, o acabar con una cartera con un capital acumulado enorme.

5.3.1. Descripción

A esta estrategia la vamos a llamar también **1/N**, en referencia a que vamos a extraer de la cartera una parte 1/N cada año, siendo N el número de años que nos quedan de vida. O simplemente el número de años que queremos que dure la cartera.

La estrategia 1/N consiste simplemente en dividir el valor de la cartera actual entre el número de años que estimamos que nos quedan de vida.

Por ejemplo, si tenemos 60 años y estimamos que viviremos hasta los 90 años, entonces nos quedan 30 años de vida. Entonces:

- El primer año (con 60 años) podríamos extraer 1/30 de la cartera actual.
- Al año siguiente, teniendo 61 años, extraeríamos 1/29 de la cartera actual.
- Al año siguiente, teniendo 62 años, extraeríamos 1/28 de la cartera actual.
- Seguiríamos así sucesivamente, extrayendo 1/N.
- Cuando nos queden 2 años (tendremos 88 años), extraeríamos 1/2 de la cartera.

- Cuando nos quede 1 año (tendremos 89 años), sacaríamos todo el resto de la cartera. Así llegaríamos a nuestro 90 cumpleaños habiendo cumplido el objetivo.

El ejemplo anterior, sin rentabilidad y sin inflación, se muestra en la Tabla 5. En este caso sencillo, la cantidad retirada es siempre la misma, exactamente 1/30 del valor inicial de la cartera. Además, la cartera decrece de manera constante y fácilmente predecible, hasta que al cumplir los 90 años la cartera está completamente vacía.

Tabla 5. Estrategia de Años Restantes, ejemplo sin rentabilidad ni inflación. Vea también la Figura 22.

Año	Edad	Años Hasta Final	Capital Invertido [kEUR]	Cantidad Retirada [kEUR]	Cantidad Retirada [%]	Rentabil. Cartera [kEUR]
0	60	30	100.00	3.33	3.3%	0.00
1	61	29	96.67	3.33	3.4%	0.00
2	62	28	93.33	3.33	3.6%	0.00
...	...	...	...	...	...	...
27	87	3	10.00	3.33	33.3%	0.00
28	88	2	6.67	3.33	50.0%	0.00
29	89	1	3.33	3.33	100.0%	0.00
30	90	0	0.00	0.00	0.0%	0.00

Cada columna muestra:

- Año: Es el año desde el comienzo de la simulación. Son 30 años de simulación.
- Edad: Es la edad del inversor. El objetivo es llegar a 90 años.
- Años Hasta el Final: El número de años hasta cumplir 90 años.
- Capital Invertido.
- Cantidad Retirada (en kEUR): Es el capital invertido (4ª columna) dividido ente el número de años hasta el final (3ª columna).
- Cantidad Retirada (en porcentaje): Es la cantidad retirada (5ª columna) con respecto al valor de la cartera ese año (4ª columna), ambas en kEUR.

- Rentabilidad de la cartera: Si la cartera tuviera una rentabilidad, aparecería en esta columna. En este caso la cartera no está invertida así que la columna es siempre "0.00 kEUR".

Un ejemplo más elaborado se muestra en la Tabla 6. En este caso suponemos una rentabilidad del 5% anual por encima de la inflación. Curiosamente, el capital invertido crece los primeros años, para luego caer a cero tras 30 años. Pero en el durante, las cantidades extraídas anualmente no han parado de crecer, desde 3.33 kEUR el primer año, hasta 13.72 kEUR el último año.

Tabla 6. Estrategia de Años Restantes, ejemplo con rentabilidad del 5% anual por encima de la inflación. Vea también la Figura 22.

Año	Edad	Años Hasta Final	Capital Invertido [kEUR]	Cantidad Retirada [kEUR]	Cantidad Retirada [%]	Rentabil. Cartera [kEUR]
0	60	30	100.00	3.33	3.3%	4.83
1	61	29	101.50	3.50	3.4%	4.90
2	62	28	102.90	3.68	3.6%	4.96
...	...	...	...	...	...	...
27	87	3	37.33	12.44	33.3%	1.24
28	88	2	26.13	13.07	50.0%	0.65
29	89	1	13.72	13.72	100.0%	0.00
30	90	0	0.00	0.00	0.0%	0.00

Fíjese que la columna "Cantidad Retirada (%)" de la Tabla 5 y de la Tabla 6 son iguales. Los porcentajes retirados, medidos con respecto al valor actual de la cartera, son los mismos.

Los datos de la Tabla 5 y la Tabla 6 se muestran en la Figura 22 de una manera gráfica.

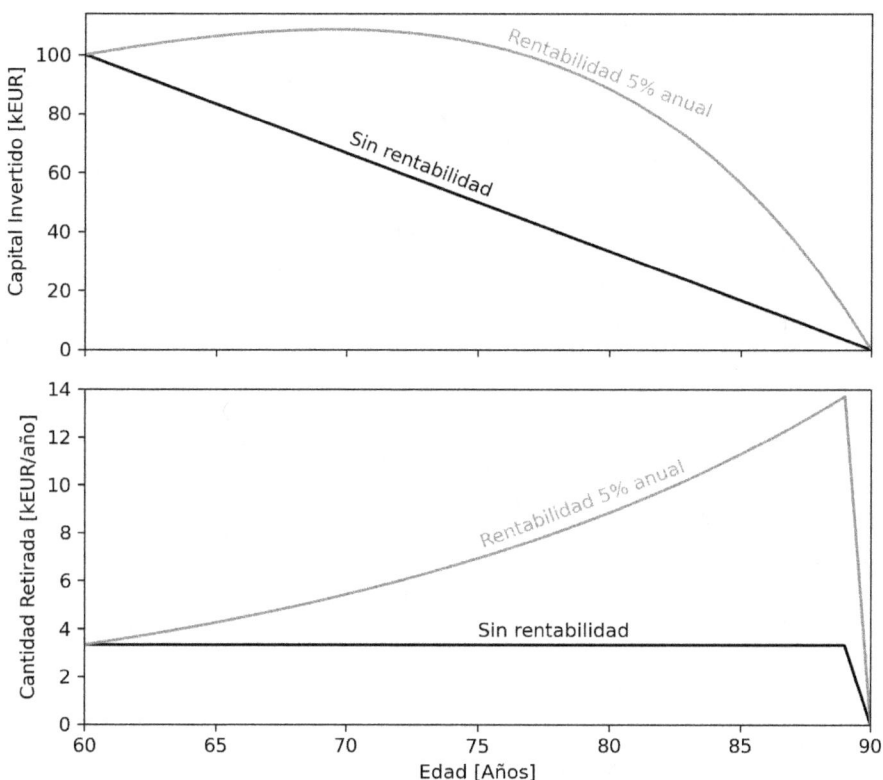

Figura 22. Comportamiento de la Estrategia de Años Restantes ante dos rentabilidades de la cartera: sin rentabilidad (y sin inflación) y 5% de rentabilidad anual por encima de la inflación. Son los datos de la Tabla 5 (sin rentabilidad) y la Tabla 6 (rentabilidad del 5% anual).

El gran beneficio de esta estrategia es que maximiza el uso de la cartera, hasta el último euro se usa de manera eficiente.

30 años es la duración considerada habitualmente, pero si usted cree que va a vivir más, como 60 años, entonces tendría que extraer 1/60 anualmente de la cartera. Pero al ser tan conservador para evitar quedarnos sin cartera en vida, estas cantidades anuales retiradas de la cartera pueden llegar a ser cantidades muy pequeñas.

5.3.2. Análisis

5.3.2.1. Datos Reales

Las siguientes gráficas muestran el resultado de aplicar esta estrategia a los 30 años que han transcurrido entre 1992 y 2022.

La Figura 23 muestra el capital en la cartera, habiendo invertido inicialmente 100 kUSD en acciones de EEUU. Se aprecia cómo se fuerza a que la cartera se agote el último año.

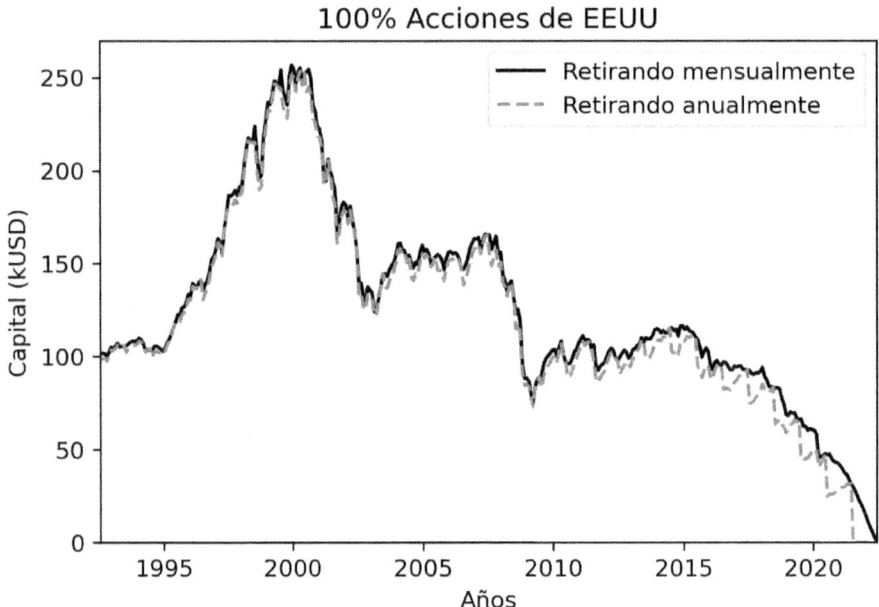

Figura 23. Capital en la cartera (en kUSD), suponiendo una inversión inicial de 100 kUSD. Corregido por inflación.

Se muestran en la gráfica dos líneas:

- La línea de **retirando anualmente**, donde se resta la cantidad 1/N una vez al año, al comienzo del año.

- La línea de **retirando mensualmente**, donde se resta el mismo factor 1/N, pero N es el número de meses que restan hasta el final de la simulación.

Como es de esperar, cuando se resta mensualmente la gráfica es más suave.

Ambas gráficas empiezan en 100 kUSD en 1992, pero la gráfica de retirando anualmente inmediatamente resta 1/30 (un 3.3%, porque faltan 30 años para el final del intervalo), mientras que la gráfica de retirando mensualmente resta 1/360 (faltan 360 meses hasta el final del intervalo), que es una cantidad mucho menor, y por eso la gráfica anual empieza por debajo de la mensual.

Cuando faltan dos años (en 2020) la gráfica anual resta 1/2. Y cuando falta un año (en 2021), se resta todo lo que queda en la cartera.

La Figura 24 muestra las cantidades retiradas de la cartera.

- La cantidad retirada anualmente, según la teoría habitual, mostrada con barras verticales.
- La cantidad retirada mensualmente, en el caso en que 1/N se considere mes a mes. Para poder compararlo con facilidad con las cantidades anuales, está multiplicada por 12.

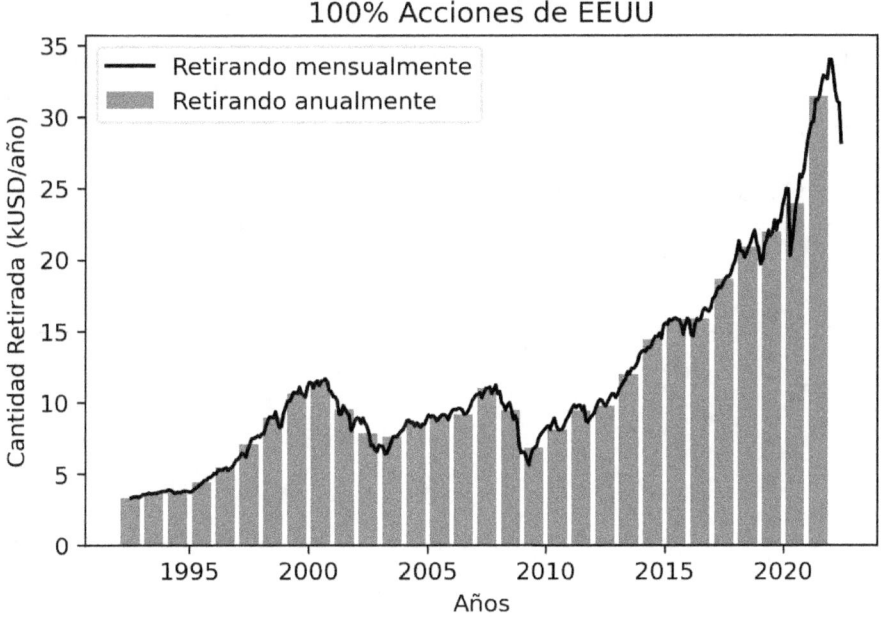

Figura 24. Cantidades extraídas de la cartera (en kEUR), suponiendo una inversión inicial de 100 kEUR. Tanto las cantidades que se podrían extraer mes a mes (línea negra), como las cantidades anuales (barras grises). Corregido por inflación.

Fíjese que la Figura 24 se parece mucho al comportamiento del mercado, pero no es exactamente lo mismo. Entre 1992 y 2022 el mercado (el S&P 100, ver el panel inferior de la Figura 7) ha subido un factor 5, y sin embargo lo que se puede extraer de la Estrategia de Años Restantes ha crecido un factor 10.

Esto se debe a que la Estrategia de Años Restantes ignora rentabilidades futuras. Y como la bolsa ha subido durante los últimos años, esta estrategia se ha encontrado con más capital que distribuir en un número cada vez menor de años.

De la Figura 23 y la Figura 24 se deduce que da igual rescatar mes a mes o hacerlo anualmente, el resultado final en ambos casos es muy similar.

5.3.2.2. Datos Simulados

En la Figura 25 se muestran dos carteras simuladas: haber invertido 100% en acciones de EEUU, y una cartera 60/40 de EEUU.

Se realizan 10 mil simulaciones de 30 años cada una. Cada uno de estos 300 mil años, es un "caso" mostrado en la figura.

El pico a 3.3 kEUR/año representa al primer año de todas las simulaciones, porque todas empiezan con 100 kEUR a 30 años vista, por lo que el primer año todas retiran 3.3 kEUR.

Como siempre, la cartera compuesta por 100% acciones es más extrema. Permite retirar cantidades mayores, pero también es la que cuando las cosas van mal acaba proporcionando cantidades menores.

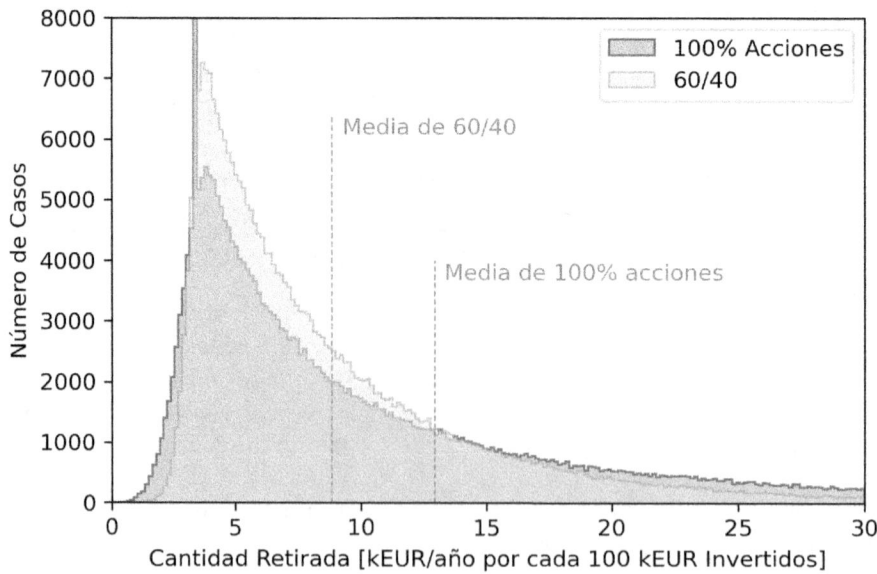

Figura 25. Cantidades extraídas de la cartera (en kEUR), suponiendo una inversión inicial de 100 kEUR.

La Figura 25 es otra demostración de que si somos capaces de aceptar una gran variabilidad en las cantidades retiradas, la cartera puede durar 30 años sin problema. Pero claro, apretarnos el cinturón quiere decir retirar cantidades tan bajas como 1 kEUR/año (para una cartera de 100% acciones) o 2 kEUR/año (cartera 60/40).

5.3.3. Comentario

Si esta Estrategia de Años Restantes le parece interesante, más adelante (en la Sección 5.5) encontrará una mejora, la estrategia de retirar un Porcentaje Variable (VPW, por sus siglas en inglés *Variable Percentage Withdrawal*). Ambas estrategias son similares, pero la Estrategia de Porcentaje Variable tiene en cuenta rentabilidades futuras esperadas y por ello sus resultados son más optimistas.

Sin embargo, esta Estrategia de Años Restantes proporciona mucha variabilidad en las cantidades retiradas anualmente o mensualmente, y así no es posible planificar a largo plazo. Hay temporadas en las que habría que apretarse el cinturón, y otras en las que se podría gastar muchísimo. ¿No habrá una estrategia más estable? Una estrategia que mantenga la capacidad de compra constante a largo plazo. Vamos a verlo en la siguiente sección.

5.4. Estrategia de Capacidad de Compra Constante

Esta estrategia es la que da origen a la **"Regla del 4%"**, o la **"Tasa Segura de Retiro"** (*Safe Withdrawal Rate*, SWR por sus siglas en inglés).

Esta es la estrategia para extraer rentas de una cartera de inversión más habitual y conocida. Estos son sus orígenes:

- En 1994, William P. Bengen[9] publicó un artículo inicial titulado: *Determining withdrawal rates using historical data.*[10] En él, el autor:
  - Estudia "dada una tasa de retiro, calcular el número de años que dura una cartera antes de agotarse" (que es la metodología predominante actualmente, que consiste en "dada una cartera que ha de durar 30 años, elegir la tasa de retiro más alta posible").
  - Sugería que "tasas de retiro del 4% eran seguras a 30 años vista".
  - Sugería carteras compuestas de 50%-75% acciones y el resto de bonos de duración intermedia, con rebalanceos.
- En 1998, tres autores (Philip L. Cooley, Carl M. Hubbard, y Daniel T. Walz) de la Universidad *Trinity* en Texas, publicaron su artículo: *Sustainable withdrawal rates from your retirement portfolio.*[11] Este artículo es muy detallado, explica la metodología, y proporciona unas tablas muy claras con los resultados.
- En 2011, los tres autores del artículo anterior publicaron una actualización: *Portfolio Success Rates: Where to Draw the Line.*[12]
  - Consideran que una Tasa Segura de Retiro es exitosa si el 75% de las carteras sobreviven.
  - Sugieren carteras con 50% o más de acciones de empresas de gran capitalización.
  - Sugieren realizar cambios en la Tasa Segura de Retiro en respuesta a cambios en los mercados financieros.

Las referencias a la Regla del 4% o al "Estudio *Trinity*", son referencias a estos artículos que hemos indicado.

Vamos a mejorar ahora las estrategias mostradas en la Sección 5.2 (Porcentaje Constante) y Sección 5.3 (extraer según el Número de Años Restantes). Lo que nos interesa es que la capacidad de compra se mantenga constante, que no perdamos poder adquisitivo a largo plazo. Esto es algo que las estrategias anteriores no tenían en cuenta.

Hay muy buena divulgación al respecto en estas fuentes online:

- La "Regla del 4%",[13] por Guillem Roig, asesor financiero conocido online como "La Hormiga Capitalista". Muy buena explicación de varios artículos académicos sobre el tema.
- *The Safe Withdrawal Rate Series*,[14] por el usuario *Early Retirement Now*. Una auténtica enciclopedia sobre la Tasa Segura de Retiro.
- *Why your safe withdrawal rate is probably wrong*,[15] por Tyler, donde discute la importancia de la volatilidad y la posibilidad de usar carteras que se alejan de la ortodoxia financiera, como la Cartera Permanente.

5.4.1. Introducción

5.4.1.1. Descripción

Vamos a calcular la Tasa Segura de Retiro, que es el mayor porcentaje de la cartera que se podría retirar de la inversión cada año.

Para calcular esta Tasa Segura de Retiro, primero se selecciona un porcentaje de la cartera inicial. Típicamente el 4%, porque es la tasa de retiro sugerida por el Estudio *Trinity*. El primer año se retira esta cantidad del capital.

El segundo año, la cantidad que se extrae de la cartera es la cantidad del primer año ajustada por inflación. Simplemente creciendo con la inflación para mantener la capacidad de compra constante.

El tercer año y los siguientes, se sigue actualizando la cantidad extraída el año anterior con su inflación correspondiente.

Fíjese que, por un lado, el valor de la cartera evoluciona año a año con la bolsa. Y por otro lado el valor de la cantidad retirada evoluciona con la inflación. Solo el primer año se retira el 4% del valor de la cartera, los años siguientes serán cantidades distintas.

La ventaja de este método es que las cantidades retiradas son predecibles y permiten mantener la capacidad de compra constante.

La desventaja consiste en que si la bolsa comienza con bajadas consecutivas durante varios años, el valor de la cartera puede llegar a desaparecer.

Esta estrategia es razonable si se tienen gastos en gran medida fijos, y se quiere poder predecir a largo plazo las cantidades que se pueden extraer de la cartera.

La siguiente Tabla 7 muestra el ejemplo sencillo de una cartera que no proporciona ninguna rentabilidad (por ejemplo, porque el dinero no está invertido sino parado en la cuenta corriente del banco). Se supone una Tasa de Retiro del 4%. Fíjese que la cantidad retirada durante el año crece un 5% anual (por la inflación).

Tabla 7. Ejemplo práctico de aplicación de Tasa Segura de Retiro del 4%, con inflación del 5%, inversión sin rentabilidad.

Año	Capital a Comienzo de Año	Cantidad Retirada Durante el Año
1	100.00	4.00
2	96.00	4.20
3	91.80	4.41
4	87.39	4.63
...	...	...

5.4.1.2. Un Poco de Historia

El libro *The 4% Rule: Safe Withdrawal Rates in Retirement* de Todd Tresidder argumenta que el cálculo de las estrategias para vivir de las inversiones ha pasado desde los años 90 por tres fases.

1. En una primera fase se consideraba que vivir de las inversiones es similar a una hipoteca para comprar una casa, pero al revés. En vez de amortizar la hipoteca se extrae capital de una cuenta. La Estrategia de Porcentaje Variable (Sección 5.5) es la implementación de esta idea. Sin embargo, esta forma de verlo es mejorable, porque ni la rentabilidad ni la volatilidad del mercado son predecibles. En cierta medida, como dice Karsten de *Early Retirement Now*,[16] el problema de la Tasa Segura de Retiro consiste en implementar un fondo de pensiones para una o dos personas. La dificultad estriba en que

cuando el número de asegurados es grande, los riesgos se compensan entre todos los asegurados, pero como solo somos 1 o 2 personas entonces tenemos que cubrir esos riesgos nosotros mismos.

2. En una segunda fase, gracias al artículo de Bengen (1994) y al Estudio *Trinity* (1998), se dedujo la famosa regla del 4%. Esta es la base de la comunidad de Libertad Financiera y FIRE. Es un buen punto inicial, pero para su obtención se asumieron varias simplificaciones que pueden no ser siempre válidas.

3. Finalmente, en una tercera fase se fueron estudiando las simplificaciones que habían permitido obtener la regla del 4%, mejorando la comprensión del fenómeno. En particular se considera:

   ◦ la valoración de los activos bursátiles (usando el CAPE),

   ◦ la longevidad del inversor (los estudios de la regla del 4% suponen 30 años, pero esto puede ser inadecuado para alguien que se jubile a los 40 años),

   ◦ el coste de las inversiones (no tenido en cuenta inicialmente), y

   ◦ la diferencia de haber invertido en diferentes países (los estudios originales solo usan datos de EEUU).

Todos estos temas los vamos a comentar en las próximas secciones.

5.4.1.3. Ejemplos

Ejemplo Simplificado

Supongamos un caso muy sencillo pero irreal, en el que no obtenemos ninguna rentabilidad por las inversiones y tampoco sufrimos inflación. Si tenemos un millón de EUR, y extraemos anualmente 25 kEUR, el capital inicial durará 40 años (porque 40 años x 25 kEUR/año hace 1 millón de EUR). Por lo tanto, en estas circunstancias, la Tasa Segura de Retiro es del 2.5% (porque 25 kEUR son el 2.5% del millón inicial).

En otro ejemplo sencillo, podemos suponer que obtenemos un 3% de rentabilidad anual constante, que se contrarresta por una inflación constante del 3%. En estas circunstancias, si tuviéramos también un millón de EUR, y suponiendo que queremos que dure 30 años, tendríamos que extraer aproximadamente 33.3 kEUR/año, lo que implicaría una Tasa Segura de Retiro del 3.33%.

Pero estos son casos irreales, y además usted tendría que aspirar a obtener algo de rentabilidad, al menos por encima de la inflación, porque si no no tiene sentido invertir.

Ejemplo Realista

Imaginemos que invertimos 100% en acciones de EEUU. Tomemos la rentabilidad total bruta de la bolsa de EEUU tal y como está proporcionada por Robert J. Shiller (ver Capítulo 8 sobre referencias). Supongamos una simulación con 30 años de duración, entre 1992 y 2022.

La Figura 26 muestra el retorno total de la bolsa de EEUU, junto con 3 tasas de retiro tal y como se han explicado en esta sección: 2%, 4%, y 6%.

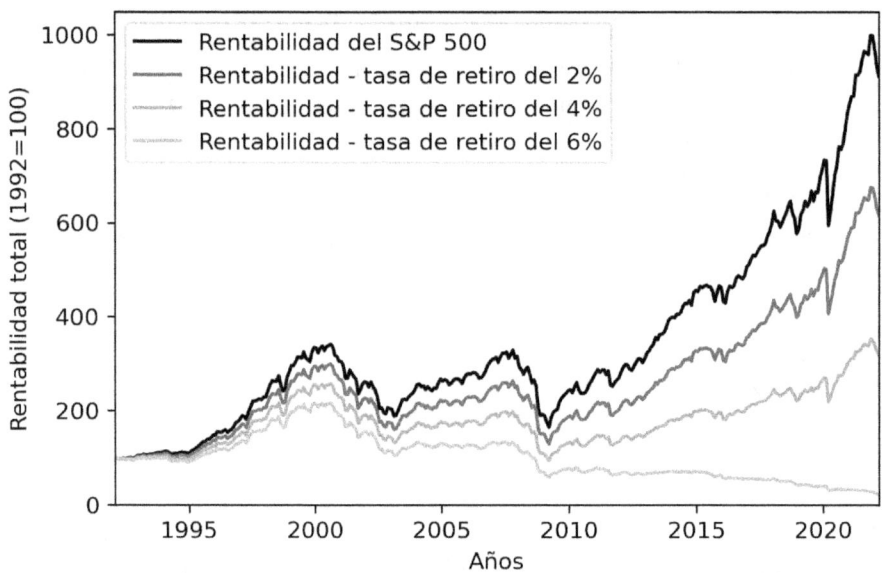

Figura 26. Diferentes tasas de retiro aplicadas al S&P 500 desde 1992. La inflación y los dividendos distribuidos están incluidos.

Como se aprecia, a mayor tasa de retiro, menor capital restante tras 30 años. Aún así, en este caso, ninguna de estas tasas de retiro vacía la cartera completamente. Incluso se da el caso de que de haber extraído un 4%, el valor de la cartera tras 30 años habría sido prácticamente el doble de la cartera inicial. Esto se debe a que entre 1992 y el año 2000 hubo 8 años de subidas prácticamente continuas. Hoy en día estos crecimientos se pueden considerar muy optimistas.

5.4.2. Carteras y Distribución de Activos

Diferentes carteras tienen diferentes rentabilidades y volatilidades esperadas, y por tanto diferentes Tasas Seguras de Retiro.

La Tasa Segura de Retiro se puede calcular con series históricas de rentabilidades. Cuando se utilizan datos reales, normalmente se calcula como la tasa de retiro que **nunca** habría vaciado la cartera en simulaciones de 30 años. Esto es relativamente fácil de calcular y claro de explicar.

Por otro lado, para conocer la Tasa Segura de Retiro podemos calcular las rentabilidades promedio y volatilidades de las carteras. Esto es, en el pasado, usando datos históricos, y simulamos así el comportamiento de las carteras en el futuro. Y por lo tanto suponemos que en el futuro se van a mantener esas rentabilidades promedio y volatilidades.

De manera intuitiva podemos suponer que:

- A **mayor** rentabilidad de la cartera, **mayor** Tasa Segura de Retiro.
- A **menor** volatilidad de la cartera, **mayor** Tasa Segura de Retiro.

Hay un detalle importante. Cuando se utilizan datos estadísticos, si la muestra es suficientemente grande (por ejemplo, si simulamos miles de veces 30 años de rentabilidades) tendremos muchos casos extremos. Por ello, aunque el promedio de las simulaciones tenga sentido, una simulación aislada no es representativa.

Con datos reales esto no sucede, porque si tenemos una serie histórica de 100 años, y vemos el comportamiento de una cartera durante 30 años, podemos hacer 70 de estas estimaciones.

Sin embargo, si realizamos miles de simulaciones sintéticas, siempre habrá unas pocas a las que les habrá ido muy mal y habrán dejado la cartera completamente vacía.

Para evitar que la cartera se agote antes de tiempo, habría que aceptar unas Tasas Seguras de Retiro muy bajas. Pero esto no es realista. Como es un estudio estadístico, es normal descartar los casos extremos. En nuestro caso, y en los artículos sobre el tema, aceptamos un 95% de éxito.

La Figura 27 muestra los resultados siguiendo este procedimiento. Se muestran también varias carteras conocidas para pequeños inversores.

Están colocadas en el lugar que les corresponde según su rentabilidad y volatilidad históricas. Los valores de las Tasas de Retorno Seguras se encuentran en la Tabla 8.

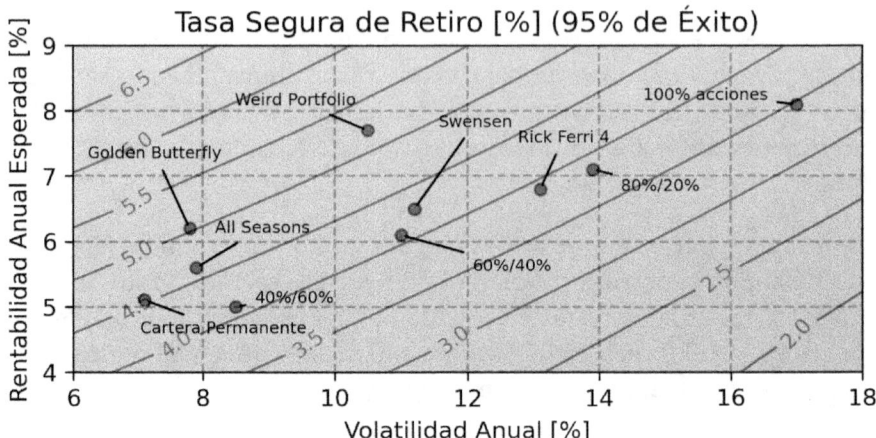

Figura 27. Tasa Segura de Retiro para diferentes carteras. Simulación de 30 años, aceptando un 95% de éxito.

En estas simulaciones, las carteras con clases de activos más diversificados, que consiguen rebajar la volatilidad, obtienen Tasas Seguras de Retiro mejores que una cartera 100% invertida en acciones. Esto es, bajar la volatilidad es muy beneficioso. Esto es también lo que obtiene Tyler de *Portfolio Charts*[17] en sus simulaciones.

Sin embargo, Karsten de *Early Retirement Now*,[16] en su artículo *Safe Withdrawal Rates: A Guide for Early Retirees*,[18] argumenta que 100% en acciones proporciona una Tasa Segura de Retiro (30 años, 95% de acierto) de 4.2%, mejor que una cartera 50%/50% que proporciona un 4.0%.

Tabla 8. Tasa Segura de Retiro para diferentes carteras, ordenadas según la última columna.

Cartera	Volatilidad Anual [%]	Rentabilidad [%/año]	Tasa de Retiro Segura [%]
Weird Portfolio	10.5	7.7	5.1
Golden Butterfly	7.8	6.2	5.0
All Seasons	7.9	5.6	4.6
Cartera Permanente	7.1	5.1	4.5
Swensen	11.2	6.5	4.2
60%/40%	11.0	6.1	4.1
40%/60%	8.5	5.0	4.1
Rick Ferri 4	13.1	6.8	3.8
80%/20%	13.9	7.1	3.8
100% acciones	17.0	8.1	3.4

¿Cuál es la cartera que consigue maximizar la Tasa Segura de Retiro? O dicho de otro modo, ¿cuál es la mejor combinación posible de rentabilidad anual (idealmente alta) y volatilidad (idealmente baja)?

La cartera que más rentabilidad proporciona como media es la de 100% acciones, pero que lo que estamos buscando no es maximizar la rentabilidad media, sino maximizar **la rentabilidad mínima** para asegurarnos de que no se nos agote la cartera si vienen mal dadas.

Los estudios ortodoxos consideran carteras con diferentes proporciones de acciones y bonos gubernamentales de calidad. Simulaciones más heterodoxas (como las realizadas por Tyler de *Portfolio Charts*,[17] que son los datos que usamos en este libro) sugieren que carteras más diversificadas obtienen mejores Tasas Seguras de Retiro.

5.4.3. Probabilidad Aceptable de Éxito

5.4.3.1. La Tasa Segura de Retiro Es Muy Conservadora

Se intuye por las figuras precedentes que la Tasa Segura de Retiro es una cantidad muy conservadora.

En la Figura 28 realizamos 10 mil simulaciones con las propiedades de la cartera 60%/40%. Y, tras 30 años, nos fijamos en el capital restante en la cartera. Esta figura muestra dos gráficas: a la izquierda las 10 mil simulaciones (valor de la inversión vs tiempo), y a la derecha la distribución del capital final.

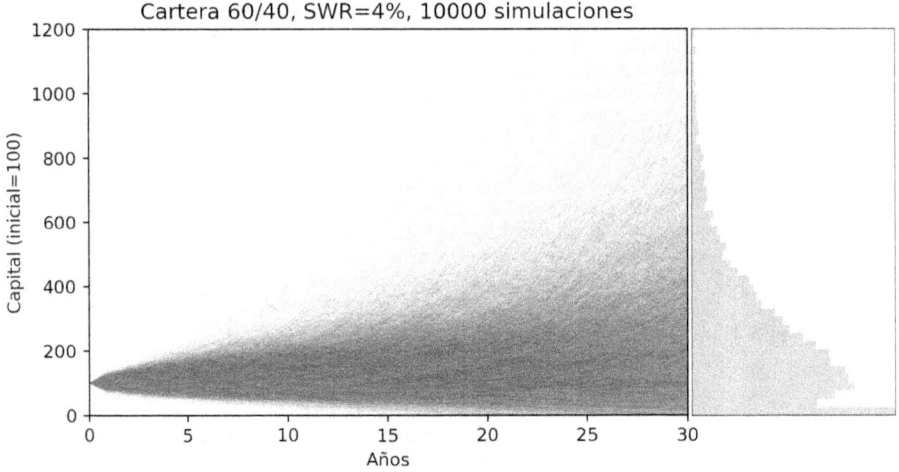

Figura 28. Simulaciones de cartera 60/40 con Tasa Segura de Retiro del 4% (panel izquierdo) y distribución de capital final tras 30 años (panel derecho). Supuesta una inversión inicial de 100 kEUR.

Como se ve, con un capital inicial de 100, hay carteras que llegan a crecer mucho. En esta gráfica hemos cortado la parte superior a 1200 (crecer 12 veces el valor de la cartera inicial), pero en la medida que hay una componente de azar, es posible encontrar carteras que tras 30 años terminan con aún más capital. Como curiosidad, eso se corresponde con una rentabilidad anual del 8.6% sostenida durante esos 30 años.

La gráfica de la derecha muestra la distribución de esos capitales finales tras 30 años. La Figura 29 amplía esa gráfica y la gira para poder entenderla mejor. Se indican las simulaciones que acaban con las carteras quebradas, el capital inicial (línea continua), y los cuartiles (las líneas discontinuas que dejan a su izquierda el 25%, 50%, y el 75% de las simulaciones).

Se aprecia que:

- El 4.4% de las simulaciones acaban en la quiebra, con todo el capital inicial exhausto.

- El 25% de las simulaciones acaban por debajo de 96. Siendo 100 el capital inicial, estos casos serían preocupantes.

- El 50% de las simulaciones acaban por debajo de 200. O lo que es lo mismo, el otro 50% de las simulaciones acaba por encima de 200. En la mitad de los casos, iríamos sobrados.

- El 75% de las simulaciones acaban por debajo de 357. O lo que es lo mismo, el otro 25% de las simulaciones acaba por encima de 357. Tras 30 años retirando el 4%, acabar con tres veces y media más capital que el inicial. Es muchísimo.

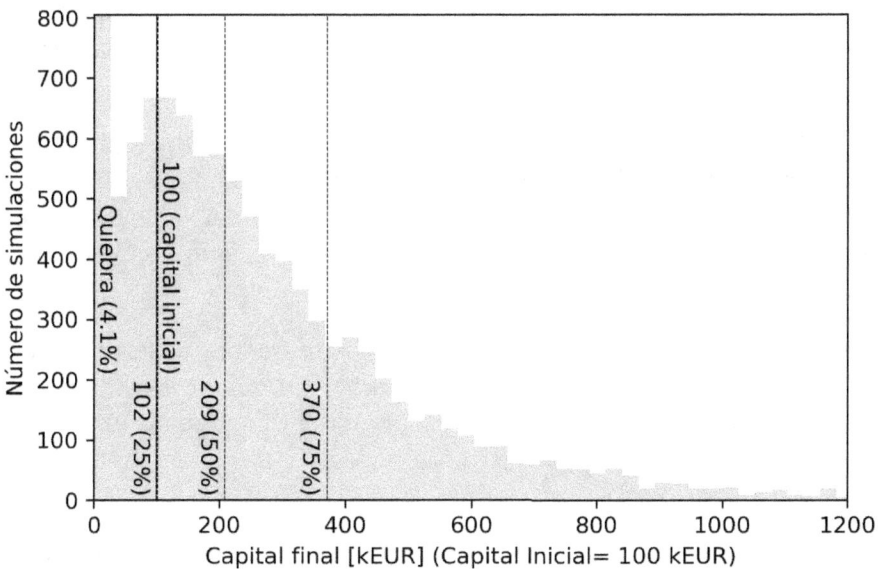

Figura 29. Histograma del patrimonio final de carteras 60/40 con Tasa Segura de Retiro del 4%.

Para evitar acabar en la quiebra, simplemente se elige una Tasa Segura de Retiro relativamente baja. De esta forma, hay muy pocos casos en los que se agote el patrimonio, idealmente nunca. Sin embargo, por esto mismo, una Tasa Segura de Retiro baja extrae poco capital de la cartera, permitiendo que en la mayor parte de las carteras simuladas el patrimonio crezcan desmesuradamente.

Así que el reto consiste en elegir la Tasa Segura de Retiro que, en los **peores** casos, no agote la cartera. Esto es lo importante.

Por otro lado, tenemos el **promedio** de las carteras, pero fíjese que ese es un asunto menor, porque en inversión en bolsa la rentabilidad promedio esperada suele ser positiva, así que es normal que en promedio el valor de la cartera suba.

En resumen: Para evitar que la cartera se vacíe en todos los casos, se eligen Tasas de Retiro Seguras muy bajas, que habrían salvado las peores crisis. Y al hacerlo así, lo más probable estadísticamente es que tras 30 años la cartera tenga un valor varias veces superior al capital inicial.

5.4.3.2. Elegir la Probabilidad Aceptable de Éxito

Como todos estos cálculos son análisis estadísticos, no existe una certeza absoluta. Siempre puede haber una excepción, muy poco probable, que se salga de lo esperado. Esto sería un "Cisne Negro" en el vocabulario de Nassim Taleb.

Los cálculos en este libro y otros artículos suelen suponer un 95% de éxito. En el contexto de la Tasa Segura de Retiro, esto quiere decir que de cada 100 personas que se jubilen, extrayendo un 4% del valor inicial de la cartera, durante 30 años... 95 de estas personas tendrán éxito, y a 5 personas se les acabará el capital antes de los 30 años.

Este porcentaje de acierto es razonable. Seguramente usted querrá un 100% de éxito esperado. El problema consiste en que no existe un 100% de seguridad, siempre puede haber un Cisne Negro que sea la excepción y un 99.9% de casos exitosos.

Y aunque quiera tener mayor certeza, como un 99% de éxito, eso tiene un coste. Vea la Tabla 9 y la Figura 30. Para tener una seguridad del 99%, la Tasa Segura de Retiro ha de ser del 3.3%. Eso es -0.8% con respecto a la Tasa Segura de Retiro con una seguridad del 95% (4.1%, que es el valor que usamos como referencia).

Tabla 9. Cartera 60% acciones / 40% bonos gubernamentales, probabilidad de éxito para varias Tasas de Retiro. Esta tabla está relacionada con la Figura 30.

Tasa Segura de Retiro	Probabilidad de Éxito
3.3%	99%
4.1%	95%
4.7%	90%

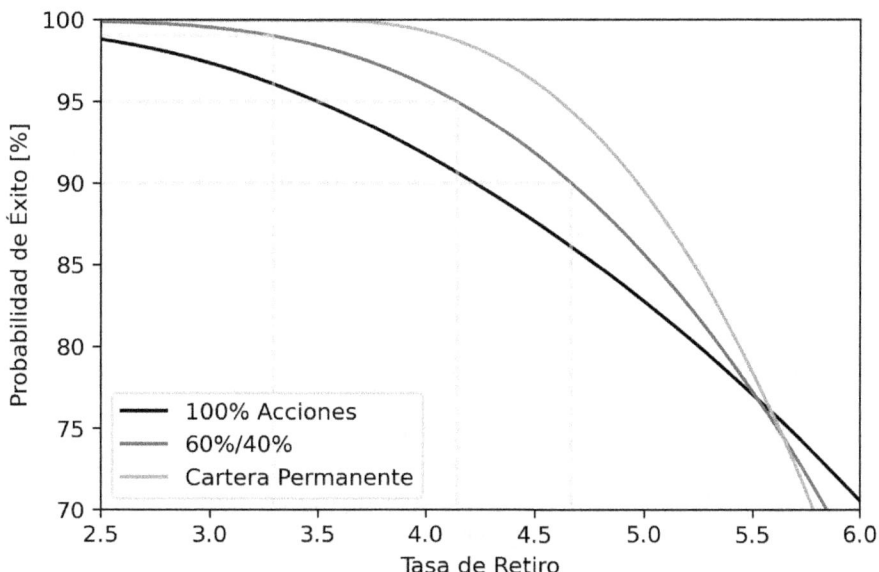

Figura 30. La Tasa Segura de Retiro depende de la probabilidad de éxito que podamos aceptar. Para que la tasa de éxito se acerque al 100% hay que elegir una Tasa Segura de Retiro muy baja.

Esto también va en dirección contraria. Si está dispuesto a aceptar mayor riesgo, "solo" un 90% de probabilidad de éxito, entonces su Tasa Segura de Retiro será del 4.7%, +0.6% con respecto al valor de referencia (4.1% para 95% de éxito).

Otras carteras son afectadas igualmente por esta probabilidad de éxito.

Cantidades similares se muestran en los estudios conocidos. El artículo de *Early Retirement Now* titulado *Safe Withdrawal Rates: A Guide for Early Retirees*[18] sugiere con sus datos que podemos arriesgar y aceptar un 75% de éxito (Tasa Segura de Retiro +1.0%), o un 90% de éxito (+0.25%). O podemos ser más conservadores y requerir un 99% de éxito (-0.5%).

Esto que estamos comentando tiene su importancia. Y es que además de estas probabilidades hay que tener en cuenta la probabilidad de muerte, que va aparte.

Si usted tiene 70 años y está planificando la cartera para 30 años de duración, cuando usted tenga 100 años lo más probable es que esté muerto. Siento darle esta noticia.

Si tiene un 90% de probabilidad de estar muerto con 100 años, ¿qué le preocupa que en el 10% restante que está vivo, su probabilidad de éxito sea del 90% o del 95%?

Por cierto, fíjese que en la Figura 30, para Tasas de Retiro bajas por debajo de 5.5%, las carteras con baja volatilidad obtienen mayores probabilidades de éxito (ejemplo: la Cartera Permanente). Sin embargo, para Tasas de Retiro muy altas, mayores de 5.5%, una cartera 100% acciones, con alta rentabilidad y alta volatilidad, obtiene mejor probabilidad de éxito.

5.4.4. Coste de la Inversión

Toda inversión le proporciona ingresos al inversor y al gestor de esos fondos. Por eso, ya que la rentabilidad de la inversión se va a compartir, va en el interés del inversor minimizar los ingresos del gestor. Esto lo explicaba muy bien Jack Bogle refiriéndose a los costes de los fondos de inversión:

> La sombría ironía de la inversión es que los inversores, como grupo, no obtenemos lo que pagamos, sino que obtenemos precisamente lo que no pagamos. Así que si no pagamos nada, lo obtenemos todo [toda la rentabilidad].

> — Jack Bogle, fundador de Vanguard

El coste de la inversión es importante porque según las finanzas actuales (Teoría de Carteras Moderna[19], inversión en factores de Fama-French[20], etc.) la rentabilidad de una inversión está asociada a la clase de activo, no a la selección de unos activos dentro de una clase. Esto es: si se invierte en acciones, la rentabilidad esperada es la de las acciones, independientemente de qué acciones en particular se hayan escogido. Esto obviamente es una justificación de la inversión pasiva.

5.4.4.1. Típicos Costes de los Fondos de Inversión

Vamos a tener en cuenta ahora el coste de la inversión, en particular sus costes anuales. Estos son fundamentalmente el OCF (*Ongoing Charges Figure*) de los fondos de inversión, más el coste de mantenimiento de la cuenta, mas costes de acceso a la bolsa, y costes similares si los hubiere.

No tenemos en cuenta ahora costos puntuales, como las comisiones de compraventa, porque son por lo general de menor cuantía que los gastos anuales. Siempre se pueden sumar estas cantidades durante un año, calcular el coste equivalente en %/año, y añadirlo a los costes anuales.

Esta cantidad puede ser grande si se está invirtiendo siendo partícipe de fondos de inversión de grandes bancos comerciales (que se aprovechan del desconocimiento de sus clientes, OCF de 1% o 2%/año), pagando mantenimiento de cuenta (por ejemplo 0.5%/año), con un asesor financiero (que suele ser caro, por ejemplo 1%/año), y multitud de gastos ocultos adicionales (como la doble imposición a los dividendos, que veremos en un momento).

En total seguramente esté perdiendo un 2%/año con respecto a su índice de referencia, tal vez incluso un 3%/año. Esta comparativa la puede hacer usted mismo, buscando su fondo en Morningstar.es, que es algo muy recomendable.

Sin embargo, los fondos pasivos son más baratos y proporcionan la misma rentabilidad esperada que los activos.

Invertir en un fondo de inversión que compre acciones mundiales (siguiendo a índices como *MSCI World*,[21] o *FTSE Developed World*[22]) cuesta tan poco como 0.12%/año (en 2022, ver *Top MSCI World ETFs* por JustETF[23]).

A esto hay que añadirle el gasto oculto que implica la doble imposición de impuestos a los dividendos. Un coste adicional que sufren todos los fondos de inversión que invierten en empresas internacionales. Porque cuando el gestor del fondo nos distribuye a nosotros (los partícipes) los dividendos, esos dividendos ya han sufrido retención en el país de origen de las empresas invertidas. Esto es largo de explicar, pero implica que típicamente un 15% de los dividendos se pierden en origen. Suponiendo que las empresas pagan un 2%/año en dividendos (típico de índices generalistas como el S&P 500[24]), esto significa unas pérdidas para el partícipe de 0.3%/año.

En conclusión, la inversión pasiva diversificada globalmente tiene un coste total (con respecto a su índice de referencia de "rentabilidad total bruta") de alrededor de 0.4%/año.

Fíjese que invirtiendo en fondos pasivos usted puede conseguir la misma rentabilidad esperada que en un fondo activo, pero a un coste del orden de varias veces menor. No un 10% mejor, ni un 50% mejor, ni un 100% mejor... sino varias veces mejor.

Nota: Los gestores de fondos suelen hacer el llamado *closet indexing*,[25] que se podría traducir como "indexación escondida dentro del armario". Esto consiste en que el gestor del fondo compra un ETF que siga a un índice relevante. Estos ETFs son por naturaleza baratos, por ejemplo hay ETFs que siguen al S&P 500[24] por 0.07%/año, o al *FTSE Developed World*[22] por 0.12%/año. Sin embargo, el gestor le cobra un 2%/año al partícipe, llevándose la diferencia (alrededor de un 1.9%/año) como un beneficio independientemente del comportamiento del mercado, un beneficio libre de riesgo. Este es el Santo Grial de las finanzas: rentabilidad sin riesgo.

5.4.4.2. Efecto del Coste en la Tasa Segura de Retiro

¿Cómo calcular la pérdida en la Tasa Segura de Retiro debido al coste de los fondos de inversión?

Una primera idea sería restar directamente el coste de la inversión a la Tasa Segura de Retiro. Por ejemplo, si estamos invirtiendo de manera pasiva, estamos incurriendo en unos gastos de 0.5%/año. Si nuestra Tasa Segura de Retiro inicialmente estimada es del 4%/año, podríamos restarle nuestro coste (0.5%/año), siendo entonces nuestra Tasa Segura de Retiro corregida de 3.5%/año. Sin embargo, **esta aproximación es incorrecta**

Realmente lo que hay que hacer es restarle el coste a la rentabilidad de la cartera, y después relanzar las simulaciones para calcular la Tasa Segura de Retiro.

Al hacerlo así se encuentra que, como norma general, el efecto es la mitad. Cuando perdemos un 1%/año en costes, la Tasa Segura de Retiro empeora en 0.5%/año.

La Figura 31 muestra el efecto de invertir en una cartera 60%/40% utilizando diferentes vehículos, con costes distintos. Desde el caso donde no hay ningún coste, pasando por un coste de 1%/año, hasta 2%/año. Se suponen además las condiciones habituales: 30 años de duración y que deseamos un 95% de probabilidad de éxito.

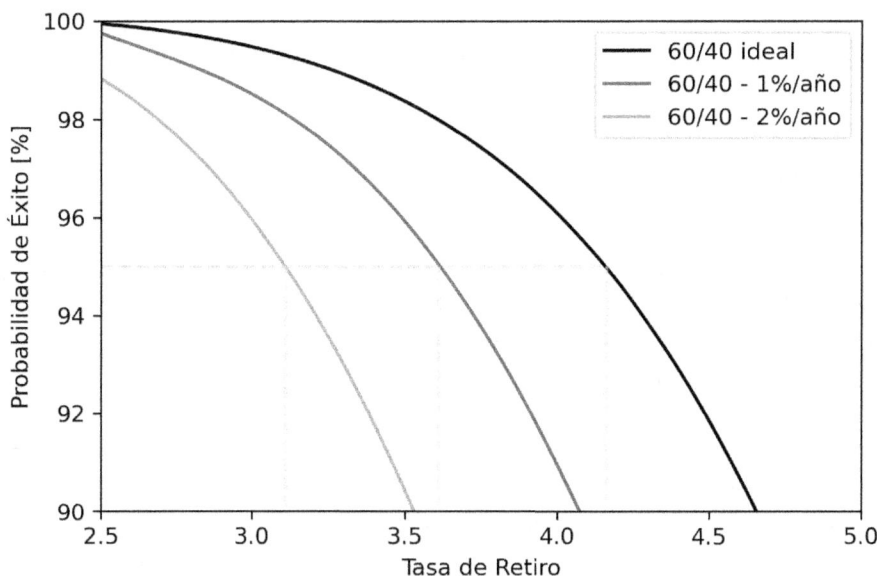

Figura 31. Efecto del coste de la inversión en una cartera 60%/40% a 30 años. Si queremos tener un 95% de probabilidad de éxito (línea horizontal discontinua), cada 1% de coste adicional rebaja la Tasa Segura de Retiro en aproximadamente 0.5%.

Como muestra la gráfica, para una probabilidad de éxito del 95% cada 1%/año de coste provoca una disminución de la Tasa Segura de Retiro de 0.5%.

Si el coste de la inversión es alto, de 2%/año, entonces cabe esperar una Tasa Segura de Retiro un 1.0% menor que la situación ideal sin coste.

Si el coste de la inversión es bajo, de 0.5%/año (típico de inversión indexada, siendo la suma de 0.2%/año por el OCF de un fondo global, y 0.3%/año por las pérdidas por la doble imposición a los dividendos internacionales), entonces cabe esperar una Tasa Segura de Retiro un 0.25% menor que la situación ideal sin coste.

Resultados similares se obtienen con una cartera 60%/40% a 60 años, y con carteras compuestas por 100% acciones.

También, resultados similares han sido comentado por otros estudios, como por ejemplo *Early Retirement Now*.

Entonces, unos ejemplos:

- Si estamos invirtiendo de manera **pasiva**, con un coste por ejemplo de 0.5%/año, entonces nuestra Tasa Segura de Retiro empeorará en **0.25%/año**.

- Si estamos invirtiendo de manera **activa**, con un coste por ejemplo de 3%/año, entonces nuestra Tasa Segura de Retiro empeorará en **1.5%/año**.

Fíjese en la importancia de estos resultados: Invertir de manera cara es devastador para la Tasa Segura de Retiro. Si usted tiene invertidos 600 kEUR y tenía en mente una Tasa Segura de Retiro del 4%/año, entonces pensaba en retirar 24 kEUR/año (2000 EUR/mes). Sin embargo, si está invertido en unos fondos de inversión muy caros OCF de 3%/año), entonces tiene que reducir su Tasa Segura de Retiro (-1.5%/año), y por lo tanto su Tasa Segura de Retiro es más bien 2.5%/año. Esto quiere decir que no debe esperar retirar más de 15 kEUR/año, que son 1250 EUR/mes, una cantidad muy inferior a los 2000 EUR/mes supuestos inicialmente con la regla del 4%.

5.4.5. Riesgo País

Veamos ahora el efecto de invertir en un único país, el llamado en inglés *"home bias"*.

5.4.5.1. La Importancia de Diversificar

Jack Bogle, el fundador de la gestora de fondos Vanguard que popularizó la inversión indexada, solía enfatizar la importancia de maximizar la diversificación. Él solía referirse a diversificar comprando todas las acciones de EEUU, y no al mundo entero. Actualmente podemos argumentar que eso tenía sentido en el pasado, o que Jack Bogle tenía *home bias*, porque hoy en día la máxima diversificación se alcanza con inversiones globales.

No busque la aguja en el pajar. Simplemente compre el pajar.

— Jack Bogle

Un artículo interesante a este respecto ha sido escrito por *Banker on Wheels*, titulado (en inglés): *About to buy the S&P 500? 8 charts on why to choose a world ETF instead*[26]. En él, se argumenta a favor de la diversificación mundial, utilizando vehículos pasivos, y enfatizando el bajo coste.

5.4.5.2. Los Estudios Están Centrados en EEUU

La mayor parte de los estudios sobre rentabilidades están realizados con datos de EEUU. Esto ha sido normal hasta ahora por varias razones:

- En primer lugar porque es el país donde hay más datos. Es relativamente fácil conseguir largas series de rentabilidades de la bolsa de EEUU, y la serie de Shiller es un buen ejemplo.

- En segundo lugar porque los ciudadanos de EEUU tienen en gran medida que hacerse ellos mismos el plan de pensiones, ahorrando e invirtiendo. Buen ejemplo de ello son las cuentas para la jubilación (IRA[27], 401(k)[28], 403b[29]) y los esfuerzos por divulgar (como el *Texas Investor Guide*[30], publicado por la *Texas State Securities Board*, que es un manual muy sencillo para que cualquier persona ahorre para su jubilación).

- Y en tercer lugar porque a EEUU le ha ido muy bien durante los últimos 150 años. Durante el siglo XX ha sido habitual ver guerras (la Primera Guerra Mundial, la Segunda Guerra Mundial), revoluciones (como la Revolución Bolchevique), hambrunas, y multitud de calamidades asolando países. Sin embargo, EEUU ha conseguido mantenerse al margen.

Este foco en EEUU ha hecho que las carteras y las ideas estén amoldadas a las necesidades y los resultados obtenidos por inversores en ese país.

5.4.5.3. Hay Que Invertir Globalmente

Sin embargo, las razones que hacían a los estudios centrarse en EEUU, como hemos visto en la sección anterior, ya no son relevantes:

- Ya hay muchos datos del comportamiento de la bolsa en el resto del mundo. Muchos son los países considerados "desarrollados" (en contraposición a "emergentes" o "en desarrollo"), en los que existen mercados de valores que funcionan bien, donde se protege a los pequeños inversores y a la propiedad privada. EEUU ya no es la excepción.

- Es un hecho que los ciudadanos de cualquier lugar del mundo tenemos que resolver nuestra propia jubilación, como los ciudadanos de EEUU. En los países occidentales existen las pensiones públicas contributivas que en principio nos evitaban la preocupación de ahorrar para la vejez, pero las proyecciones a futuro indican que las futuras pensiones serán mínimas. Aunque la normativa cambia continuamente, se puede estimar que las pensiones públicas proporcionarán rentabilidades negativas, algo impensable en una inversión razonable. Y esto es irrefutable, porque la pirámide de población es la que es, las personas que deberían de contribuir a las pensiones en el futuro no son suficientes.

- En el futuro puede suceder que EEUU sufra alguno de los desastres que han asolado otros países (tanto terremotos, tsunamis, como revoluciones y guerras en su propio territorio) ¡Ojalá no sea así!, pero no hay ninguna razón para la excepcionalidad de EEUU. No hay ninguna razón para esperar que la rentabilidad de EEUU a largo plazo sea distinta a la rentabilidad de índices globales como el *MSCI World*[21] o el *FTSE Developed World*[22]. Y por lo tanto, si no se esperan diferencias a largo plazo, mejor invertir con mayor diversificación, siguiendo índices globales.

La Figura 32 es un buen ejemplo de por qué invertir en un único país no es una buena idea. Muestra el desastre del índice Nikkei 225[31] durante las últimas décadas, que se encuentra todavía por debajo de su máximo de diciembre de 1989. La gráfica no incluye dividendos ni inflación. Considerando dividendos tampoco mejora mucho, porque con ellos en 2021 recuperó el pico de 1989, 32 años después.

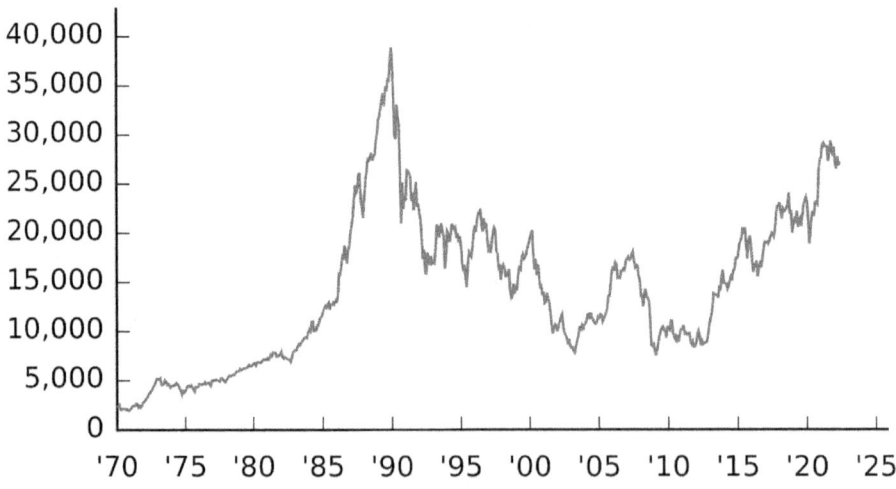

Figura 32. Índice Nikkei 225. Fuente: "Nikkei Indexes" via Wikipedia.

5.4.5.4. Efecto en la Tasa Segura de Retiro

Durante los últimos 50 años el mercado de EEUU ha superado en rentabilidad al resto del mundo por alrededor de un 1% anual.

En la práctica, cuando se implementan carteras locales (por ejemplo para un inversor europeo, en moneda euros, con inflación europea), estas carteras suelen tener una rentabilidad 1% anual peor que una cartera local equivalente en EEUU. Como ejemplo, *Portfolio Charts*[17] permite realizar simulaciones por países, y lo comentamos en nuestro libro "Carteras para Pequeños Inversores".

Pero esto se debe a que a EEUU le ha ido excepcionalmente bien. La referencia para un inversor indexado debe ser la economía global, no un país en particular.

Así que tenemos que las carteras basadas en EEUU, que son la base de la regla del 4%, han disfrutado de una rentabilidad un 1% anual superior a otros países desarrollados. Podemos asimilar este 1% anual a un "coste de la inversión" (como se ha hecho en la sección anterior, Sección 5.4.4). De este modo podemos suponer que la mitad de ese 1% anual se traslada a la Tasa Segura de Retiro. En conclusión, podemos estimar que la Tasa Segura de Retiro de carteras globales será un 0.5% menor que de carteras basadas en EEUU.

Esto hace que, automáticamente, la Tasa Segura de Retiro de referencia no sea 4% (basada en inversión en EEUU), sino 3.5% (basada en inversiones globales).

5.4.6. Riesgo de Secuencia de Rentabilidades

Este es el riesgo de que al principio haya una serie de años con malas rentabilidades que destruya las posibilidades de que la cartera aguante a largo plazo. En inglés se llama *Sequence of Return Risk*.

5.4.6.1. Una Crisis lo Puede Echar Todo a Perder

El comportamiento de la cartera depende mucho de que sufra una crisis al comienzo, vea la Figura 33. Suponemos dos casos:

1. El caso de referencia, en el que las inversiones crecen a un 4% anual, tanto en la fase de acumulación como en la de vivir de las inversiones.

2. El caso en el que se sufre una crisis poco después de empezar a vivir de las inversiones. Si tras 5 años viviendo de las inversiones hay una crisis y la cartera baja un 30%, la cartera no se recuperaría nunca. La

cartera se agotaría tras 22 años. Compare con la Figura 5, eso son 7 años antes que sin crisis.

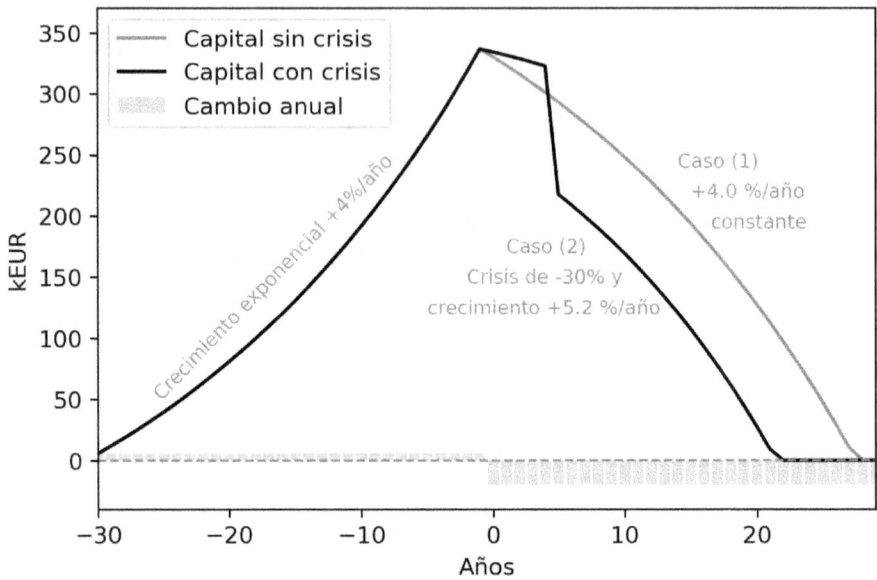

Figura 33. Mismas rentabilidades anuales promedio que en Figura 5, pero ojo al efecto de una crisis, a perder 30% de la inversión 5 años después de empezar a vivir de las rentas. La cartera no se recupera. Es el llamado "Riesgo de Secuencia".

Fíjese que las rentabilidades han sido escogidas para que el promedio a largo plazo sea el mismo. Una rentabilidad del 5.2% anual durante 30 años, más una crisis con unas pérdidas del 30% un año malo, proporcionan una rentabilidad anualizada del 4.0%, la misma que hemos supuesto en la simulación inicial.

En otras palabras, en la Figura 33, ambas simulaciones (sin crisis -línea gris-, y con crisis -línea negra-) proporcionan la misma rentabilidad, pero diferente volatilidad. Las dos situaciones económicas, aún proporcionando las mismas rentabilidades promedio, dan lugar a situaciones muy diferentes. Y esto se debe a que estamos extrayendo capital de la cartera, incluso durante la crisis. En conclusión: La volatilidad nos puede restar años de duración a la cartera.

5.4.6.2. Mismas Rentabilidades, Pero Ordenadas de Manera Diferente

Vamos a ver en esta sección que disfrutar de una rentabilidad promedio alta no es suficiente. El orden en el que se producen esas rentabilidades es fundamental.

La Figura 34 muestra a lo que nos referimos. Las dos gráficas están obtenidas de los mismos datos, la misma serie de 30 rentabilidades anuales (son datos simulados). Partiendo de un precio inicial igual (100, por convención), si no retiramos dinero de la inversión, ambas llegan a la misma rentabilidad final (350). La única diferencia entre las gráficas es el orden de las rentabilidades anuales.

- **Rentabilidades** "reales" (simuladas). En línea negra tenemos la gráfica de la rentabilidad total de este activo. Consiste en ir aplicando las rentabilidades anuales una detrás de otra, obteniendo el precio de este año a partir del precio del año pasado.

- Precio calculado con las **rentabilidades ordenadas**, de menor a mayor. Línea gris discontinua, muestra las mismas rentabilidades anuales, pero ordenadas de peor a mejor. Todas las rentabilidades negativas están al principio, y las positivas al final. Por eso la línea es relativamente suave.

Lo importante de la Figura 34 es darse cuenta de que aunque las rentabilidades promedio allí mostradas sean las mismas, las Tasas Seguras de Retiro son muy distintas. En el caso de las "rentabilidades ordenadas", cuando las peores rentabilidades suceden al principio, la cartera está condenada al fracaso.

Al elegir una tasa retiro del 4% (según se ha comentado en esta sección, cantidad fija elegida el primer año, y solo corregida por inflación, que se supone constante en esta simulación), se obtienen resultados muy distintos.

Con la rentabilidad "real", vemos que seguir la regla del 4% no vacía la cartera. Bien, este es el comportamiento que deseamos. Sin embargo, con las rentabilidades anuales ordenadas de peor a mejor, nos encontramos con que la cartera se agota en unos 12 años. Mismas rentabilidades, pero distinto orden, pueden hacer que la regla del 4% funcione o que no lo haga.

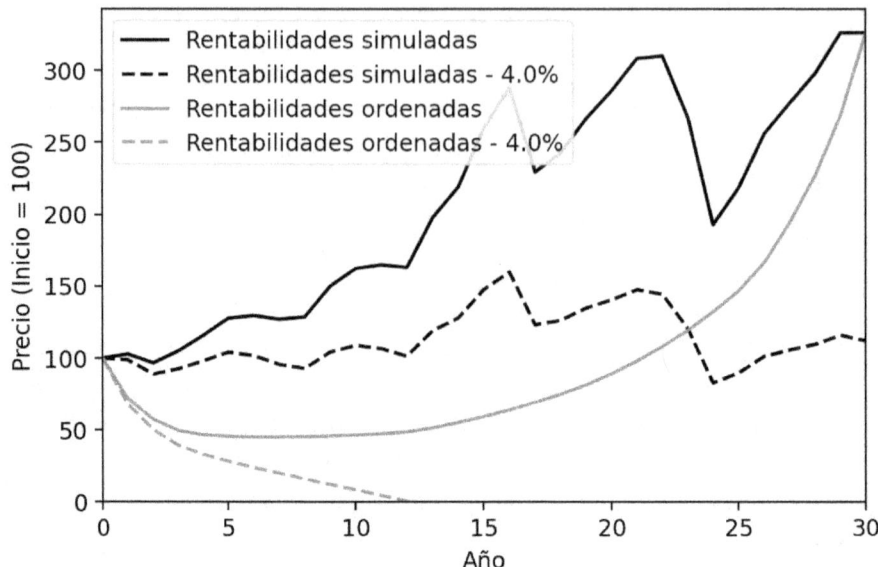

Figura 34. Efecto de reordenar las rentabilidades anuales. La rentabilidad total es la misma, pero las Tasas Seguras de Retiro son muy distintas.

5.4.6.3. La Importancia de la Fecha de Comienzo

En la sección anterior hemos visto cómo las mismas rentabilidades mensuales, pero en orden distinto, generan resultados completamente diferentes.

Veamos ahora un tema similar: la fecha de comienzo a retirar fondos de la inversión es muy importante. Vea la Figura 35. Se muestran tres gráficas en la figura.

- La **superior** es el valor de la bolsa de los EEUU (de nuevo, los datos de Shiller), con rentabilidad total bruta. Son valores reales mensuales. Encontramos aquí una dificultad: la bolsa ha subido tanto en los últimos 100 años que no se aprecia bien el comportamiento antes de 1990.

- Para apreciar las diferencias se muestra la gráfica **central**, que contiene los mismos datos que la gráfica superior pero con escala logarítmica. De esta forma se aprecian mejor los picos y las crisis.

- La gráfica **inferior** es la Tasa Segura de Retiro Segura calculada para periodos de 20 años (no 30 años como es habitual) empezando en el año indicado. La Tasa Segura de Retiro está calculada como la tasa de retiro que no agota la cartera en los 20 años siguientes. Como ejemplo, el último punto es de 2002 y se corresponde con la Tasa Segura de Retiro calculada con el valor de la bolsa entre 2002 y 2022.

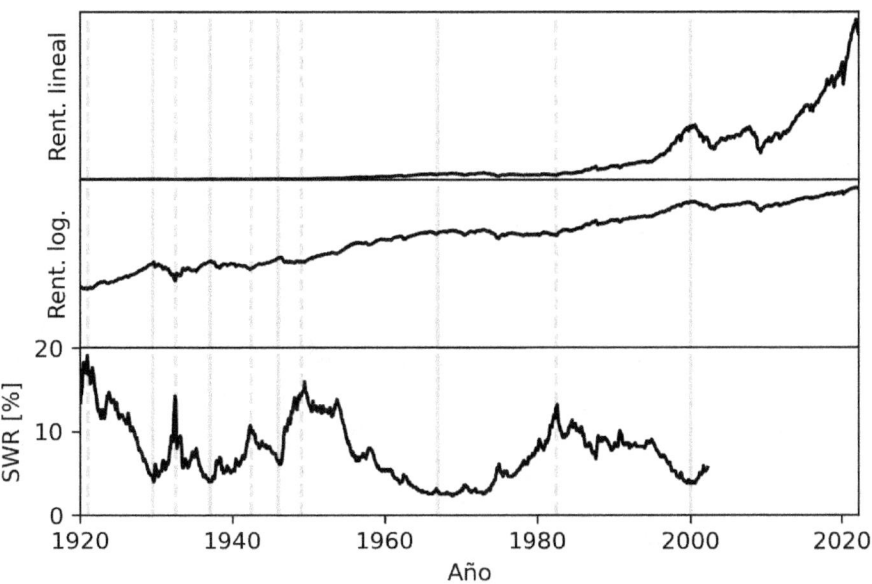

Figura 35. Tasa Segura de Retiro para diferentes fechas de comienzo. En rentabilidad total (precio más dividendos, descontando la inflación), en escala lineal (gráfica superior), escala logarítmica para resaltar las pequeñas diferencias (gráfica central), y Tasa Segura de Retiro calculada a 20 años (gráfica inferior).

Vea la gráfica central y fíjese en las líneas grises verticales.

- Las épocas de **máximos en la bolsa** seguidas de fuertes caídas (1929, 1937, 1946, 1967, 2000), indicadas con líneas verticales grises continuas, implican que el capital invertido bajará mucho. Por lo tanto, las Tasas de Retorno Seguras de alguien que empiece a extraer capital en esas fechas estará en mínimos.

- Y al contrario, las épocas de **mínimos en la bolsa** seguidas de subidas (1921, 1932, 1942, 1949, 1982), indicadas con líneas verticales grises discontinuas, implican que el capital invertido va a crecer mucho. Por lo tanto, las Tasas de Retorno Seguras de alguien que empezase a extraer capital en esas fechas estará en máximos.

La Figura 35 es muy clara para indicar la importancia de cuándo empezar a extraer capital de la cartera. Es muy distinto el hacerlo en máximos o mínimos de la bolsa. Uno puede no recuperarse nunca de las pérdidas en los primeros años.

En el caso mostrado, la Tasa Segura de Retiro puede ser desde un mínimo del 3% hasta ser varias veces mayor. Estos valores son solo una aproximación. Son muy extremos porque invertir 100% en acciones tiene mucha volatilidad. Veamos ahora en la siguiente sección cómo podemos mejorar la Tasa Segura de Retiro simplemente disminuyendo la volatilidad de la cartera.

5.4.6.4. La Paradoja de Kitces

Esta paradoja está basada en el artículo de Michael E. Kitces, asesor financiero estadounidense, que puede encontrarse aquí: *Resolving the Paradox – Is the Safe Withdrawal Rate Sometimes Too Safe?*[32] Imaginemos dos personas que están pensando en retirarse, ambos han acumulado 1 millón de euros que están invertidos en bolsa:

- Don MeRetiroYa, y
- Doña EsperoUnAño.

Tabla 10. Paradoja de Kitces, situación inicial.

	Don MeRetiroYa	**Doña EsperoUnAño**
Capital invertido inicialmente	1 millón EUR	1 millón EUR

Primer Año

Ambos, por separado acuden al mismo asesor financiero.

Don MeRetiroYa acaba dejar de trabajar, y el asesor le recomienda aplicar la regla del 4%. De esta forma, ese primer año empieza a vivir con 40 kEUR que toma de sus inversiones.

Por otro lado, Doña EsperoUnAño también consulta al mismo asesor, pero no tiene prisa y decide esperarse otro año.

Durante el primer año, la bolsa cae un 20%. Y además, sorprendentemente, no ha habido inflación.

Al finalizar el primer año, Don MeRetiroYa tiene 768 kEUR invertidos (retiró 40 kEUR a primeros de año, y luego la bolsa ha bajado un 20%).

Desafortunadamente Doña EsperoUnAño no ha ahorrado nada durante este año, así que su cartera simplemente ha sufrido la bajada del 20% de la bolsa, y ahora vale 800 kEUR.

Tabla 11. Paradoja de Kitces, situación a final del primer año.

	Don MeRetiroYa	Doña EsperoUnAño
Capital invertido a comienzo del primer año	1 millón EUR	1 millón EUR
Capital retirado a comienzo del año (regla del 4%)	40 kEUR	-
Capital restante	960 kEUR	1 millón EUR
Capital a final de año tras bajada de la bolsa (-20%)	768 kEUR	800 kEUR

Segundo Año

A primeros del segundo año, ambos visitan a su asesor, por separado.

El asesor le recomienda a Don MeRetiroYa continuar con la estrategia y retirar otros 40 kEUR de la cartera durante el segundo año. 40 kEUR corregidos por inflación, pero como este año no ha habido inflación, no cambia nada.

Doña EsperoUnAño decide que es el momento de jubilarse. Al visitar al asesor, éste le recomienda también la regla del 4%. De este modo, Doña EsperoUnAño va a extraer este año 32 kEUR de su cartera (el 4% de sus 800 kEUR invertidos).

Tabla 12. Paradoja de Kitces, situación a final del segundo año.

	Don MeRetiroYa	Doña EsperoUnAño
Capital invertido a comienzo del segundo año	768 kEUR	800 kEUR
Capital retirado a comienzo de año (regla del 4%)	40 kEUR (4% del 1er año)	32 kEUR (4% del 2º año)

Fíjese que ambas personas comenzaron con el mismo capital inicial (1 millón de EUR) y han sufrido la misma crisis del mercado (-20%). Sin embargo, cada uno obtiene una recomendación distinta por parte del asesor, el mismo asesor, con respecto a la cantidad a extraer de la cartera. Siendo en ambos casos la Regla del 4%: 40 kEUR para Don MeRetiroYa, y 32 kEUR para Doña EsperoUnAño.

Don MeRetiroYa extrae anualmente un 25% más que Doña EsperoUnAño, y así seguirá en el futuro.

Con el agravante de que Don MeRetiroYa ya ha vivido un año de sus inversiones, Doña EsperoUnAño todavía ninguno.

Y en una vuelta de tuerca aún más increíble, la cartera de Don MeRetiroYa es menor que la de Doña EsperoUnAño. A primeros del segundo año: 768 kEUR vs 800 kEUR. ¡Y sin embargo extrae más de la cartera!

¿Cómo pueden existir estas diferencias a pesar de que las condiciones iniciales eran las mismas? La única diferencia es la valoración del mercado en el momento en el que se comienza a vivir de las inversiones. La explicación requiere hablar de un parámetro llamado CAPE que veremos en la próxima sección.

5.4.7. Valoración del Mercado

Muy relacionado con la sección anterior sobre la importancia de la fecha de comienzo a vivir de las inversiones, vamos a intentar estimar ahora si el precio de los activos bursátiles está caro o barato. Para ello utilizamos el parámetro CAPE.

5.4.7.1. ¿Qué es el CAPE?

CAPE (*Cyclically Adjusted Price-to-Earnings*, Ratio Precio-Beneficio Ajustado Cíclicamente) indica lo cara o barata que está la bolsa. Típicamente se encuentra aplicado a la bolsa de EEUU, en particular al S&P 500.

El CAPE se calcula haciendo la media de los ingresos de las compañías en los últimos 10 años dividido por el valor de su acción. Es algo así como el PER (*Price-to-Earnings-Ratio*), pero calculado con los ingresos de 10 años.

El interés de este parámetro es que está correlacionado con las rentabilidades futuras de los mercados.

Cuando el CAPE es alto, entonces se estima que la bolsa está cara y por tanto se espera que los retornos sean bajos en los próximos años.

Y al revés, cuando el CAPE es bajo, entonces se estima que la bolsa está barata y por tanto se espera que los retornos sean altos en los próximos años.

Vea la evolución histórica del CAPE en la Figura 36. En los últimos 40 años ha habido una tendencia ascendente que comentaremos unas páginas más adelante. Si quiere conocer el valor de CAPE a día de hoy, y una gráfica más actualizada, puede visitar múltiples webs.[33]

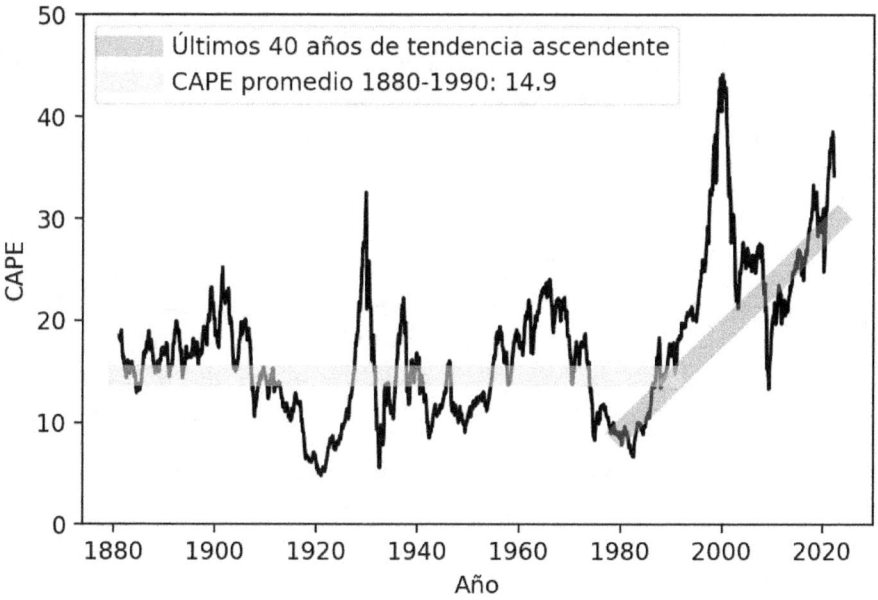

Figura 36. Valores históricos del CAPE con datos de EEUU desde 1881. Datos mensuales. Fuente: Robert J. Shiller.

5.4.7.2. La Importancia del CAPE

Como ya vimos en la Figura 35, la fecha a la que se empieza a vivir de las inversiones es muy importante.

Hay una relación directa entre la valoración del mercado y la Tasa Segura de Retiro. Podemos preguntarnos si la bolsa está "cara", que es una afirmación subjetiva, pero podemos razonar que equivale a "la bolsa está en ese momento en un máximo respecto a valores históricos". Cuando la bolsa está cara, la Tasa Segura de Retiro es baja. Y viceversa, cuando la bolsa está barata, la Tasa Segura de Retiro es alta.

Esto es lo que mide el CAPE, si la bolsa está relativamente cara o barata. Por lo tanto, si estamos en una época con CAPE relativamente alto es de esperar una Tasa Segura de Retiro relativamente menor de lo habitual.

Por otro lado hay un efecto estadístico muy interesante. Si uno se plantea jubilarse, es porque ha acumulado la cantidad esperada. Típicamente 25 veces los gastos anuales, como dice la Regla de 25. Sin embargo, si la cartera ha crecido hasta ese punto, seguramente será porque la bolsa ha subido durante los últimos años, y por tanto su cartera también. Lo más probable es que usted se plantee jubilarse en un pico de la bolsa, cuando las valoraciones sean caras, porque es cuando la bolsa habrá subido más. Y de manera contraria, si la bolsa ha estado varios años bajando, seguramente su cartera no habrá crecido hasta llegar a ser 25 veces sus gastos anuales.

La Figura 37 presenta la Tasa Segura de Retiro calculada teniendo en cuenta el valor del CAPE el año del comienzo. Todas las medidas del CAPE se dividen en cinco grupos: el primer quintil, que comprende los valores de CAPE más bajos (entre 5.4 y 12.0); hasta el quinto quintil, que comprende los valores de CAPE más altos (entre 19.9 y 28.7).

Cada grupo representa a medidas de CAPE desde un valor mínimo hasta un valor máximo. Fíjese que son valores consecutivos: el mayor CAPE que forma parte del quintil 1 es 12.0, y los siguientes a partir de 12.0 forman parte del quintil 2.

Figura 37. Tasa Segura de Retiro (eje horizontal) en función del CAPE (eje vertical) al comienzo del periodo de 30 años. En cinco grupos (quintiles) según su CAPE. Se muestra la mejor y la peor Tasa Segura de Retiro para cada quintil. Cartera 60/40. Note que a mayor CAPE menor Tasa Segura de Retiro. Fuente: Figura 7 del informe "Resolving the Paradox – Is the Safe Withdrawal Rate Sometimes Too Safe?", con datos de Robert J. Shiller desde 1881 hasta 2008.

Las simulaciones que calculan la Tasa de Retiro Segura, al ser agrupadas según su CAPE inicial, proporcionan Tasas Seguras de Retiro distintas. Observe que cuando el CAPE es bajo (primer quintil), la Tasa Segura de Retiro más pesimista (más baja) es de 5.7%, muy similar a la Tasa Segura de Retiro del caso más optimista (quinto quintil, la más alta), que es de 6.1%. Esto es: cuando el CAPE es alto (como en 2022) la Tasa Segura de Retiro mejor a la que podemos aspirar es similar a la peor Tasa Segura de Retiro cuando el CAPE es bajo. ¡Vaya si es importante el CAPE!

El CAPE se refiere a la valoración del mercado de acciones, y por lo tanto el efecto del CAPE sobre la cartera es proporcional al porcentaje de acciones en la cartera. Normalmente, al construir una cartera de inversión se eligen activos que estén descorrelacionados entre sí. Esta es la razón de incluir bonos gubernamentales, y quizás oro y activos alternativos. Por esta razón, carteras con menor proporción de acciones son menos afectadas por el valor del CAPE. La Figura 37 se refiere a una cartera 60/40, que es una cartera con una proporción de acciones intermedia.

La Tabla 13 nos permite estimar la Tasa Segura de Retiro a partir del valor del CAPE al comienzo. Esta tabla no modifica la peor Tasa Segura de Retiro (aceptando que su 4.5% viene a ser equiparable a la Regla del 4%). Más que "empeorar el peor caso", esta tabla justifica que la Tasa Segura de Retiro puede ser mayor cuando el CAPE es bajo. Decir que "la Tasa Segura de Retiro es 4%" es excesivamente conservador cuando la valoración del CAPE es baja o intermedia.

Tabla 13. Sugerencia para modificar la Tasa Segura de Retiro en función del CAPE al comienzo del periodo de 30 años. Datos de Shiller hasta 2008. Cartera 60/40. Es la Figura 9 del informe "Resolving the Paradox – Is the Safe Withdrawal Rate Sometimes Too Safe?".

CAPE	Tasa Segura de Retiro en el informe	Diferencia con el caso cuando CAPE>20
>20 (mercado sobrevalorado)	4.5%	-
Entre 12 y 20 (valor promedio)	5.0%	+0.5%
<12 (mercado infravalorado)	5.5%	+1.0%

5.4.7.3. Explicación de la Paradoja de Kitces

Fíjese que la Tabla 13 también nos permite explicar la paradoja de Kitces (ver Sección 5.4.6.4), en la que dos personas con mismo capital inicial invertido retiran cantidades anuales distintas por jubilarse en años consecutivos.

La Tabla 14 explica la paradoja. Ahora comprendemos que tras tener en cuenta la crisis del primer año (la caída del 20% en bolsa) entonces el CAPE también habría bajado, y por tanto la Tasa Segura de Retiro de la persona que se jubila el segundo año (Doña EsperoUnAño) habría sido mayor (probablemente un +1%, esto es un 5% en vez de 4%).

Ambos inversores (Don MeRetiroYa y Doña EsperoUnAño) tienen que aplicar Tasas Seguras de Retiro diferentes, porque las condiciones del mercado eran distintas. Tras corregir por la valoración del mercado de acciones, la cantidad extraída de la cartera, medida en euros, es la misma.

Tabla 14. Paradoja de Kitces, explicación de por qué ambos inversores retiran la misma cantidad.

	Don MeRetiroYa	Doña EsperoUnAño
Capital invertido comienzo 1er año	1 millón EUR	1 millón EUR
Capital retirado a comienzo del 1er año	40 kEUR (4% del 1er año)	-
Capital restante comienzo 1er año	960 kEUR	1 millón EUR
Capital a final del 1er año tras bajada de la bolsa (-20%), que es también el capital invertido a comienzo del 2° año	768 kEUR	800 kEUR
Capital a retirar a comienzo del 2° año, suponiendo la regla del 4%	40 kEUR (4% del 1er año)	32 kEUR (4% del 2° año) **(Incorrecto)**
Tasa Segura de Retiro corregida para Doña EsperoUnAño por la mayor valoración del mercado	-	**5%**
Capital retirado a comienzo del 2° año (Tasa Segura de Retiro corregida)	40 kEUR (4% del 1er año)	**40 kEUR (4% del 1er año, o 5% del 2° año) (Correcto)**

5.4.7.4. No Modificar la Tasa Segura de Retiro en Fase de Retiro

En esta sección vamos a justificar que no se debe modificar la cantidad (en euros, dólares, etc.) de la Tasa Segura de Retiro una vez en fase de jubilación (no hacer una modificación adicional a la inflación, pero la inflación sí).

Esto se debe a que hay una técnica (incorrecta) que consiste en incrementar las cantidades retiradas cuando la bolsa sube, y mantenerlas fijas cuando la bolsa baja.

Si ignoramos la valoración del mercado, entonces la Regla del 4% (o el porcentaje que se nos aplique: 3.5%, o 3%, etc.) es un porcentaje fijo, que se calcula el primer año y es válido para siempre (simplemente se corrige por inflación, como ya sabemos).

Si estamos jubilados y la bolsa sube, podemos tener la tentación de recalcular la cantidad a retirar en euros, porque va a ser mayor también. Esto es un error, y vamos a demostrarlo.

Por ejemplo, si nos jubilamos y el primer año tenemos 1 millón de EUR invertidos, aplicando la Regla del 4% decidimos extraer 40 kEUR al año.

Imaginemos que el segundo año el valor de la cartera crece a 1.25 millones de EUR. Nosotros habíamos decidido el primer año extraer, en ese año y en años sucesivos, 40 kEUR. Sin embargo, ahora podríamos "poner el contador a cero", suponer que empezamos la jubilación este segundo año, calcular el 4% de 1.25 millones de EUR, que son 50 kEUR al año, y empezar a aplicar esta nueva cantidad.

Parece de sentido común. Si la Regla del 4% era válida el primer año, ¿por qué no va a serlo el segundo año? Parece que es dinero gratis.

Pero hacerlo así no es válido. Y la explicación es una vez más la valoración del mercado de acciones. El CAPE no es el mismo en ambos años, necesariamente es mayor el segundo año. Por lo tanto la Tasa Segura de Retiro esperada, medida en porcentaje, es menor el segundo año comparada con el primer año.

Y cuando multiplicamos estos porcentajes de Tasa Segura de Retiro (mayor el primer año, menor el segundo año) por el capital invertido (menor el primer año, mayor el segundo año), ambos efectos se contrarrestan, y la cantidad a extraer, medida en euros, es la misma: La calculada el primer año.

Incrementar las cantidades a retirar en los años en los que el valor de la cartera sube es equivalente aceptar un riesgo mayor de que la cartera se agote antes de tiempo.

Esta es de nuevo la explicación a la Paradoja de Kitces (ver Sección 5.4.7.3, en particular la Tabla 14), y es la justificación de que no se debe modificar la cantidad (en euros) de la Tasa Segura de Retiro una vez en fase de jubilación.

5.4.7.5. Crítica al CAPE

El CAPE es un estimador, no una ley física como la gravedad, por lo tanto hay que tenerlo en cuenta pero no podemos establecer afirmaciones categóricas.

El argumento es que: el CAPE que podríamos considerar como "normal", entendido como el CAPE de cuando "a la economía le va bien", parece estar creciendo en los últimos 40 años. El hecho de que el CAPE lleve 40 años subiendo estaría relacionado con los tipos de interés de la deuda gubernamental, porque llevan 40 años de tendencia bajista.

Si allá por el año 2000 alguien se hubiera dado cuenta de la burbuja en la bolsa (el CAPE superaba el valor 40), podría haber vendido activos y salido del mercado esperando una bajada. Se supone que el CAPE tendría que haber bajado a valores mínimos de los 100 años anteriores (podríamos haber esperado un CAPE de 10). En ese caso, habría esperado en vano, porque el CAPE no bajó de 21 (en 2001).

Y de un modo similar, en 2008 se habría esperado un CAPE de burbuja, pero sin embargo casi se mantuvo constante desde 2001. Y la bajada de 2009 lo fue hasta CAPE 13, que se encuentra alrededor del valor **promedio** del CAPE durante los 100 años anteriores, no en un valor **mínimo** de los últimos 100 años.

En los últimos 30 años, el CAPE está constantemente por encima de su valor promedio histórico, excepto brevemente durante 2009.

Entonces, ¿cuál es la conclusión? Quizás el valor del CAPE, comparado con valores históricos, esté perdiendo importancia. Pero en el corto plazo, de un año para otro, el valor del CAPE nos permite explicar la paradoja de Kitces, y eso tiene grandes implicaciones.

Finalmente, si quiere tener mayor seguridad al jubilarse, lo mejor es esperar otro año por el triple efecto:

- Ahorrar un año más.
- Que el valor de la cartera crezca un año más, suponiendo que las inversiones prosperen.
- No se extrae capital durante ese año, que de haberse producido habría reducido el valor de la cartera.

5.4.8. Riesgo de Longevidad

La cartera debe de ser capaz de durar muchos años, y son seguramente más años de los que está pensando. Veamos las razones. Supongamos una pareja que se jubila a los 51 años.

1. En primera aproximación podemos suponer simplemente la esperanza de vida de una persona. En 2019, la esperanza de vida (en España) era de 86 años para una mujer, y 81 años para un hombre. Escojamos la cifra peor, 86 años, para ir con margen. Así que la cartera tiene que durar desde los 51 hasta los 86 años, un total de 35 años.

2. Pero seguramente viva más. Si la esperanza de vida es de 86 años, eso quiere decir que la mitad de las personas mueren antes de los 86 años, y la otra mitad muere después. Así que no querrá planificar hasta los 86 años, porque entonces tendrá un 50% de posibilidad de fallo. Ponga unos años extra para tener margen, como +10 años. Así que la cartera tiene que durar 45 años.

3. Si está pensando en una pareja, es posible que uno de los dos sobreviva aún más años. Sumemos +5 años de margen por si acaso. La cartera ya tiene que durar 50 años.

4. Cada año que pasa, la esperanza de vida crece. Para las mujeres españolas durante las últimas décadas (datos del INE[34]) ha crecido 1/5 de año adicional por cada año que pasa. Así que ya no es una duración de 50 años, sino que hay que sumarle 1/5 de 50, haciendo 60 años.

Como ve, la duración final que ha de conseguir de la cartera (60 años) es bastante mayor que la idea inicial (35 años). Esto implica que llegaríamos a tener 111 años cuando la cartera se agotase (51 + 60 años).

La Figura 38 muestra la Tasa Segura de Retiro calculada para 60 años. Compárela con la Figura 27, que muestra la misma gráfica, pero calculada para 30 años (lo habitual).

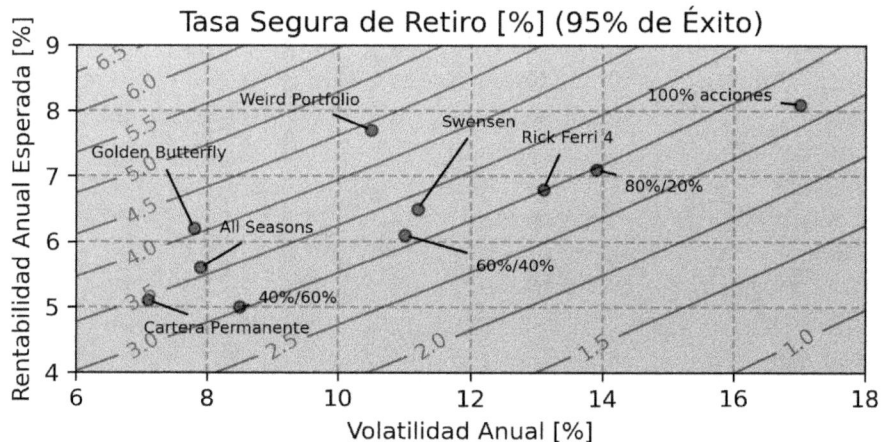

Figura 38. Tasa Segura de Retiro para diferentes carteras. Simulación de 60 años.

Para poder comparar con facilidad la Figura 38 con la Figura 27, hemos calculado la diferencia entre ambas Tasas Seguras de Retiro (a 30 y 60 años), y las mostramos en Figura 39.

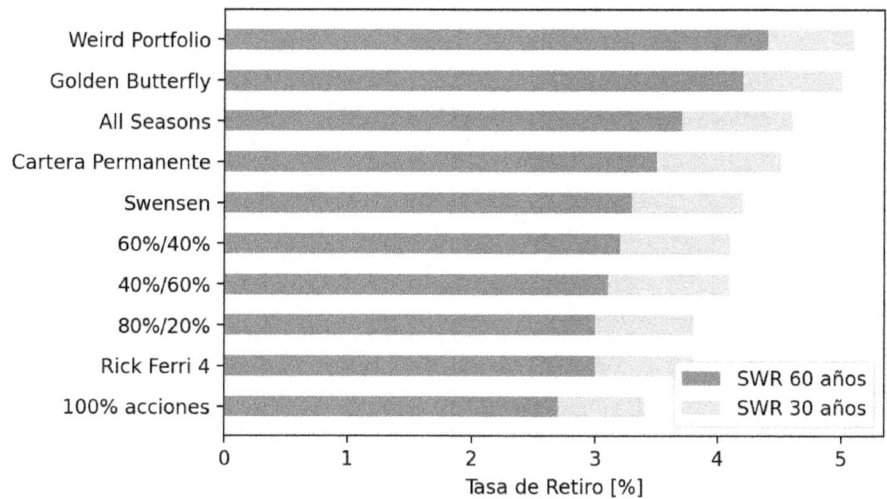

Figura 39. Tasas Seguras de Retiro para diferentes carteras, 30 años vs 60 años, aceptando un 95% de éxito.

En nuestras simulaciones, el empeoramiento al alargar la longevidad desde 30 hasta 60 años es del orden de 0.6%-1.0%. Aunque parece depender de cada cartera, podemos suponer en primera aproximación que el empeoramiento en la Tasa Segura de Retiro es del orden de 0.8%.

Cuando Karsten de *Early Retirement Now*[16] hace su estudio (ver *Safe Withdrawal Rates: A Guide for Early Retirees*[18]), encuentra un empeoramiento menor, más optimista, entre 0.5% (cartera 100% acciones) y 0.75% (cartera compuesta por 50% acciones y 50% bonos gubernamentales).

En cualquier caso, la idea general es válida: a mayor longevidad de la cartera, menor Tasa Segura de Retiro. Esto es importante porque la mayor parte de los estudios (Bengen, *Trinity*) están hechos para 30 años, pero las personas que busquen el FIRE, que se jubilan pronto, tienen que alargar la duración.

Finalmente, para demostrar que no conviene excederse con las matemáticas, que si las rentabilidades son así o asá, la Figura 40 nos muestra que "a largo plazo, todos muertos". Por muy alta que sea la probabilidad de quebrar, de que la cartera se agote, mayor será la probabilidad de morir.

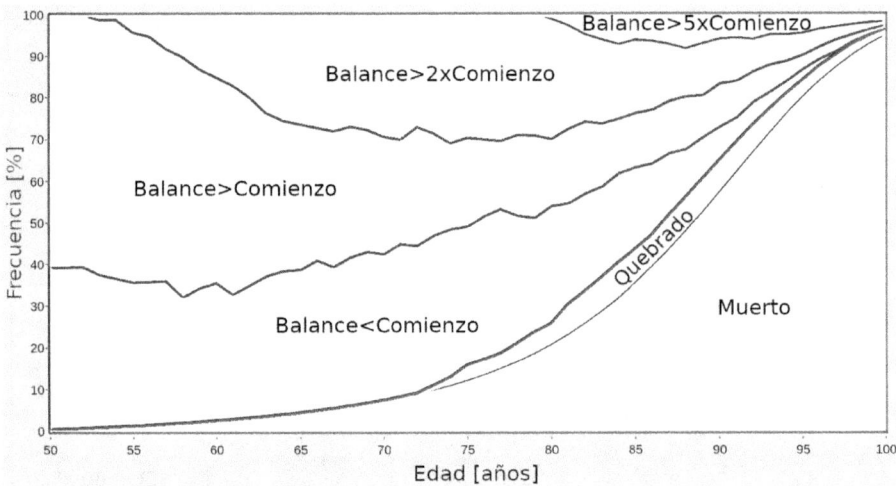

Figura 40. Rango de posibilidades con cartera 60/40 y Tasa Segura de Retiro del 4%. Fuente: engaging-data.com.

La Figura 40 nos permite también imaginar cómo eran las cosas en el pasado, cuando la expectativa de vida era más corta, la zona de "Muerto" era mayor, y por tanto la gráfica estaba desplazada hacia la izquierda. O cómo será en el futuro, cuando la expectativa de vida sea más larga y la gráfica se desplace hacia la derecha. Cuando tengamos 90 años nos encontraremos con las siguientes posibilidades mostradas en las Tabla 15.

Tabla 15. Probabilidades al cumplir 90 años, caso por caso, según lo mostrado en la Figura 40.

Probabilidad	Suceso
6%	Tener más de 5 veces la inversión inicial
11%	Tener más de 2 veces la inversión inicial (y menos de 5 veces)
10%	Tener más de la inversión inicial (y menos de 2 veces)
9%	Tener menos que la inversión inicial
7%	Estar quebrado
57%	Haber muerto
100%	Total

Puesto que lo más probable al cumplir 90 años es estar muerto (57%), ¿tiene importancia rebajar la Tasa Segura de Retiro para que la probabilidad de quiebra a los 90 años fuera del 6% en vez del 7%?

5.4.9. Dejar Herencia

Todas las simulaciones anteriores han supuesto que la cartera tenía que durar hasta el final, pero bastaba con que estuviese en positivo, que quedase un euro en la cuenta el último día. Sin embargo, ¿y si queremos que la cartera mantenga un cierto capital al final?

En este caso calculamos la Tasa Perpetua de Retiro (del inglés *Perpetual Withdrawal Rate*, PWR), que es una idea de *Portfolio Charts*.[17]

La Tasa Perpetua de Retiro es muy similar a la Tasa Segura de Retiro. La diferencia consiste en que en vez de considerar que tras una serie de años (típicamente 30 años) la cartera no esté vacía (Tasa Segura de Retiro), se considera que la cartera tiene que tener una capacidad de compra al menos igual a la inicial (esta es la Tasa Perpetua de Retiro). Y de aquí le viene el nombre, si han pasado 30 años y está como al principio, podemos suponer que la cartera podrá resistir esta retirada de capital a perpetuidad.

La Figura 41 muestra las Tasas Perpetuas de Retiro de diferentes carteras.

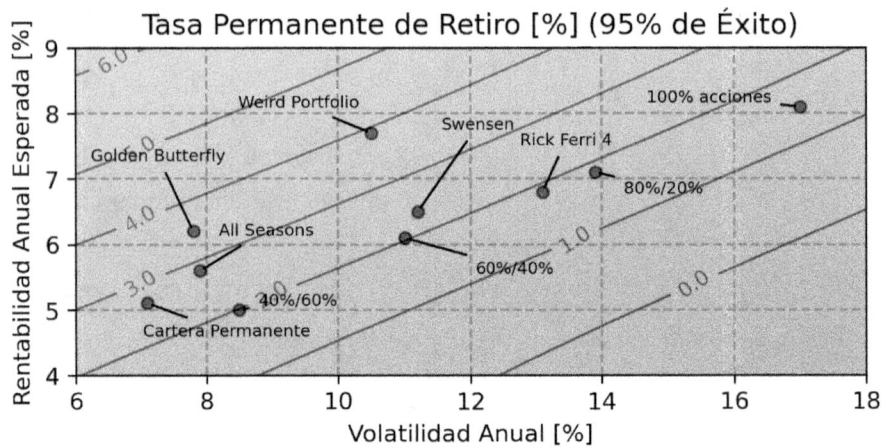

Figura 41. Tasa Perpetua de Retiro para diferentes carteras. Simulación de 30 años.

La Figura 42 muestra los datos de la Figura 41 de una manera más ordenada. Como puede ver, dejar herencia es "muy caro". Requiere acumular previamente mucho más que si no se deja herencia, o dicho de otro modo, para estas carteras la Tasa Perpetua de Retiro es aproximadamente 1.5% más baja que la Tasa Segura de Retiro.

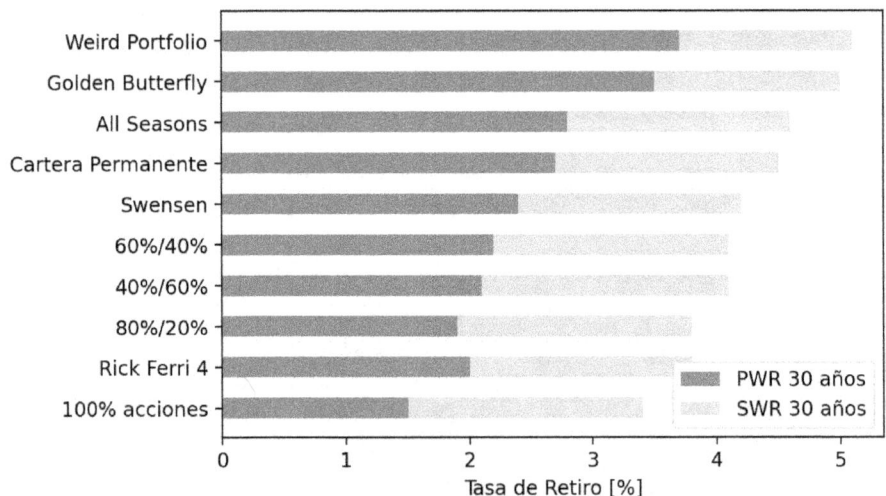

Figura 42. Tasa Segura de Retiro vs Tasa Perpetua de Retiro, para diferentes carteras, 30 años, aceptando un 95% de éxito.

Así que, si quiere dejar su cartera en herencia, con un poder adquisitivo similar al actual, cuente con rebajar su tasa de retiro en un 1.5%.

5.4.10. Conclusiones Sobre la Tasa Segura de Retiro

Estas son las conclusiones de la Estrategia de Capacidad de Compra Constante.

- La probabilidad de éxito disminuye cuando se elige una Tasa de Retiro alta. Y viceversa, la probabilidad de éxito aumenta cuando se elige una Tasa de Retiro baja.

- La probabilidad de éxito disminuye cuando la longevidad de la cartera ha de ser larga. Y viceversa, la probabilidad de éxito aumenta para carteras que han de durar pocos años.

- Es importante tener volatilidad relativamente baja en la cartera. Ir 100% acciones puede ser contraproducente, porque la alta volatilidad contrarresta la alta rentabilidad esperada. Proporciones de acciones en cartera de 50%-75% son valores típicos. Ni 100% acciones, ni tampoco 100% bonos.

- Una Tasa Segura de Retiro del 4% ha sido razonable para una persona que se jubilaba con normalidad a los 67 años.

- Para los que quieran alcanzar la Libertad Financiera relativamente pronto, y por tanto requieran largos periodos viviendo de las inversiones, las Tasas Seguras de Retiro razonables son más bajas, como 3% o 3.5%.

- Según cómo se den las circunstancias, en promedio, es de esperar que el capital invertido crezca enormemente. Esto puede no ser lo que el inversor desea, porque en principio queremos hacer un uso óptimo de los recursos disponibles, no dejarlos sin usar.

- La Tasa Segura de Retiro depende de la persona, de su edad, de su esperanza de vida, de si quiere dejar patrimonio a sus herederos, etc. Es algo muy personal.

- Ojo al Riesgo de Secuencia, que puede hacer que la cartera se agote antes de tiempo.

- Hay mucha incertidumbre sobre el futuro, y el número de parámetros (porcentajes de la cartera, duración de la jubilación, edad, CAPE, tasas seguras de retiro...) es grande. Hay un cierto grado de "sobreajuste" en este modelo (*overfitting* en inglés). Esto es: El modelo siempre nos da una solución que parece muy buena simplemente modificando un poco algún parámetro. Pero no es real, estamos ajustando un pasado que puede no repetirse en vez de un futuro desconocido. Que la Tasa

Segura de Retiro cambie unas décimas arriba o abajo por modificar un parámetro da una idea de la incertidumbre que tenemos que aceptar.

• No existe un valor perfecto para la Tasa Segura de Retiro. Para indicar el absurdo de seguir buscando, rascando unas décimas aquí y allá, intentando justificar una precisión inexistente con multitud de cifras decimales, se dice de manera humorística que la mejor Tasa Segura de Retiro es "Pi %" (3.141592...%).

5.5. Estrategia de Porcentaje Variable

Ya hemos estudiado la Estrategia de Capacidad de Compra Constante, que es el origen de la regla del 4%, y es la estrategia más conocida y aplicada.

Esta estrategia es lo que en la Sección 5.4.1.2, desde un punto de vista histórico, se nombraba como la primera fase que surgió para el cálculo de las estrategias para vivir de las inversiones.

5.5.1. Descripción

Esta estrategia que vamos a comentar en esta sección, llamada en inglés *Variable Percentage Withdrawal* (VPW), combina las mejores características de estrategias anteriores: Capacidad de Compra Constante, Porcentaje Constante, y Años Restantes (estrategia "1/N"). De esta manera se consigue lo siguiente:

- La cartera nunca se agota de manera prematura, se agota exactamente el último año.
- La tasa de retiro tiende a aumentar con los años.

Esta estrategia ha sido desarrollada por usuarios de foro "Bogleheads.org", en particular el usuario *longinvest*. Vea la página del foro *Variable Percentage Withdrawal*.[35]

Esto es en la misma idea que una hipoteca, donde se calcula la amortización para un tipo de interés dado y un número de años.

Esta es una estrategia muy manual, con unas tablas que han sido precalculadas y que el usuario tiene que aplicar. En la práctica, se sugiere usar la hoja de cálculo proporcionada en la página web del foro de Bogleheads.

Esta hoja de cálculo (nos centramos en la de Google Sheets, pero también está disponible en Microsoft Excel y LibreOffice Calc) aspira a la perfección intentando incluir todos los detalles posibles.

Lo primero que hace es presuponer una rentabilidad a largo plazo a las acciones y los bonos.

Después, define varias carteras (diferentes combinaciones de acciones y bonos de EEUU) y estima la rentabilidad de cada una de estas carteras, entre 2.83%/año (30% acciones/70% bonos) y 4.69% (90% acciones/10% bonos).

Entonces crea las tablas que indican la cantidad a extraer de la cartera cada año. Para ello utiliza la función PAGO[36] (en español, porque en inglés es la función PMT). Esta función calcula el pago periódico de una anualidad basándose en pagos periódicos constantes y en un tipo de interés fijo.

Estos porcentajes son la base de la estrategia. Están fijos para cada cartera y cada número de años, y son los que nos indican cuánto debemos extraer de la cartera.

La Tabla 16 muestra un extracto de los resultados para el caso de una cartera 70/30 y suponiendo que la cartera ha de durar hasta que tengamos 100 años.

Tabla 16. Estrategia de Porcentaje Variable. Extracto de los porcentajes anuales para una cartera compuesta por 70% acciones de EEUU y 30% bonos gubernamentales de EEUU. Fuente: Wiki de Bogleheads.org, formato Google Sheet, hoja "Tables".

Edad	Años Hasta Agotar Cartera	Porcentaje a Retirar
18	82	4.1%
19	81	4.1%
20	80	4.1%
...	...	...
40	60	4.3%
41	59	4.3%
...	...	...
86	14	9.1%
87	13	9.7%
...	...	...
97	3	34.7%
98	2	51.0%
99	1	100.0%

Importante: **los porcentajes se aplican al valor restante de la cartera en cada año**, no al valor inicial de la cartera (no es como la regla del 4%). Por eso 3 años antes del final se extrae casi 1/3 de la cartera, 2 años antes casi 1/2, y el último año se extrae el 100%. Se extrae todo para que quede vacía el último año, ese es el objetivo.

5.5.2. Comentario

Como se puede apreciar, esta Tabla 16 es similar a la Tabla 6 de la Estrategia de Años Restantes (1/N). La diferencia consiste en que en la Estrategia de Porcentaje Variable se supone que la cartera va a seguir creciendo en años venideros con una rentabilidad dada, y en la Estrategia de Años Restantes no se hace ninguna previsión de la rentabilidad a futuro. Por esta razón, al introducir en la simulación esta rentabilidad futura esperada, la estrategia de Porcentaje Variable es ligeramente más optimista que la cartera 1/N, y sus Tasas de Retiro (tal y como se muestran en la Tabla 6 y la Tabla 16) son mayores.

El optimismo de esta Estrategia de Porcentaje Variable se aprecia en que dos años antes de agotarse, en la Estrategia de Número de Años Restantes (1/N) se retira el 50.0% (1/2), y en la Estrategia de Porcentaje Variable el 51.0%. Se retira un 1% adicional porque se espera que la cartera se revalorice el último año.

Esta estrategia tiene como parte negativa que las cantidades retiradas anualmente fluctúan, unos años serán mayores, y otros menores. Esto se debe a que los porcentajes se aplican al capital restante cada año, y no al capital inicial el primer año. Por ello, las cantidades retiradas utilizando la Estrategia de Porcentaje Variable son menos predecibles que la estrategia de Capacidad de Compra Constante (la regla del 4%).

Además, la hoja de cálculo aporta muchas opciones para separar fase de acumulación y fase de retiro, incluir ingresos futuros (pensiones públicas), cantidades medidas de manera mensual/trimestral/anual, etc.

Esta estrategia es similar a la *Dinamic Safe Withdrawal Rate*, mostrada en el blog *Nesteggly*.[37]

Como curiosidad, en el caso cuando la estrategia requiere que la cartera se agote en una fecha dada, las carteras que se comportan mejor son las que están compuestas por proporciones relativamente altas de activos poco volátiles, como por ejemplo una cartera 60/40 (60% acciones y 40%

bonos gubernamentales). La razón consiste en que al tener menor volatilidad, estas carteras son más predecibles, y las rentas que generan más constantes.

5.6. Estrategia Dinámica de Vanguard

Esta estrategia ha sido propuesta por Vanguard en el siguiente documento: *A rule for all seasons: Vanguard's dynamic approach to retirement spending.*[38]

5.6.1. Descripción

Esta es una estrategia híbrida entre la de Capacidad de Compra Constante y la de Porcentaje Constante. La idea principal es que se permite modificar la renta que se extrae de la inversión cada año, teniendo en cuenta la renta del año anterior. Esta diferencia con el año anterior se gestiona con los parámetros "límite superior" y "límite inferior".

En sentido estricto no hay una única Estrategia Dinámica de Vanguard, sino un espectro de posibilidades, según se seleccionen los valores de "límite superior" y "límite inferior". Veamos en la Figura 43 cómo se comparan estas estrategias entre sí.

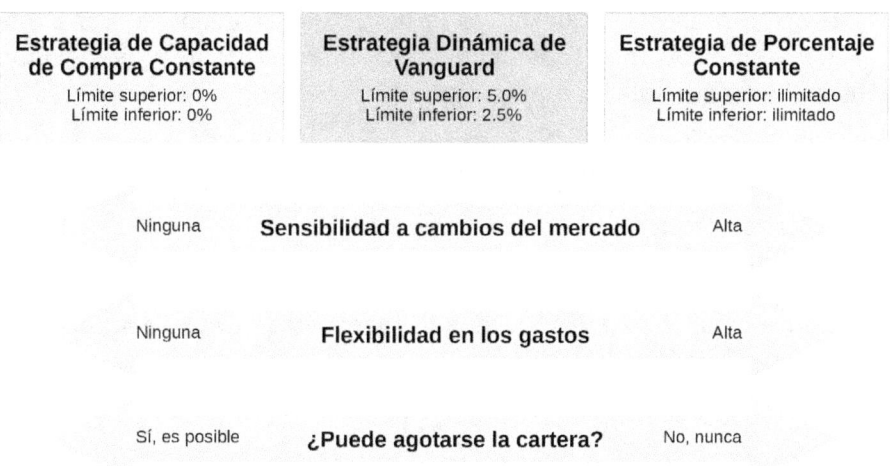

Figura 43. La Estrategia Dinámica de Vanguard es un punto intermedio entre la de Capacidad de Compra Constante y la de Porcentaje Constante.

A la izquierda encontramos la Estrategia de Capacidad de Compra Constante, donde la cantidad a extraer se fija el primer año, y luego en años sucesivos solo se corrige por inflación. Esto está indicado porque tanto el "límite superior" como el "límite inferior" están fijados a 0%. Esta estrategia es perfecta para quien tenga gastos estables, pero trae consigo el riesgo de secuencia y por tanto que la cartera se agote relativamente pronto.

A la derecha encontramos la Estrategia de Porcentaje Constante, donde la cantidad a extraer se fija de manera distinta cada año, como un porcentaje de la cartera en ese momento. La cantidad extraída es simplemente proporcional al valor de la cartera, independientemente de la cantidad extraída el año anterior. Por eso, tanto el "límite superior" como el "límite inferior" son "ilimitados", la renta puede cambiar en cualquier cantidad de un año para otro. Esta estrategia le va bien a quien tenga una enorme flexibilidad y quiera estar seguro de que la cartera nunca se agotará, aunque esto pueda implicar extraer rentas minúsculas en el futuro.

Y en un lugar intermedio encontramos esta Estrategia Dinámica de Vanguard. En ella se hacen dos cálculos: En primer lugar se aplica la Estrategia de Porcentaje Constante, y en segundo lugar se calculan unos límites máximo y mínimo con respecto a la cantidad extraída el año anterior, corregidas por inflación.

La regla consiste en extraer la cantidad de Porcentaje Constante, calculada en euros (no en porcentaje), sacando no menos que el "limite inferior" y no más que el "límite superior".

Esta Estrategia Dinámica de Vanguard trata de aunar los aspectos positivos de las dos estrategias de las que hereda: maximizar las rentas y minimizar el riesgo de que la cartera se agote.

Veamos un ejemplo del proceso en la Figura 44. Fíjese que hay líneas que intentan ayudar a explicar de dónde vienen las cifras. Se utilizan los siguientes parámetros sugeridos por Vanguard:

- Estrategia de Porcentaje Constante: 4%.

- Límite superior: +5.0% con respecto a lo extraído el año anterior, y corregido por inflación.

- Límite inferior: -2.5% con respecto a lo extraído el año anterior, y corregido por inflación.

Primer Año	Segundo Año	Tercer Año

A primeros de año:
Cartera inicial: 1,000,000 EUR
Cantidad a extraer:
    Porcentaje Const.: 40,000 EUR
        (1,000,000 EUR x 4%)
Resto de cartera: 960,000 EUR
	A primeros de año:
	Cartera inicial: 1,056,000 EUR
	Cantidad a extraer:
	    Límite superior: 42,000 EUR
	        (40,000 EUR + 5%)
	    Porcentaje Const.: 42,240 EUR
	        (1,056,000 EUR x 4%)
	    Límite inferior: 39,000 EUR
	        (40,000 EUR − 2.5%)
	Resto de cartera: 1,014,000 EUR
		A primeros de año:
		Cartera inicial: 1,064,700 EUR
		Cantidad a extraer:
		    Límite superior: 44,100 EUR
		        (42,000 EUR + 5%)
		    Porcentaje Const.: 42,588 EUR
		        (1,064,700 EUR x 4%)
		    Límite inferior: 40,950 EUR
		        (42,000 EUR − 2.5%)
		Resto de cartera: 1,022,112 EUR

Durante el año:
Rentabilidad de la cartera: +10%
Crecimiento de cartera: 96,000 EUR
    (960,000 EUR x 10%)
	Durante el año:
	Rentabilidad de la cartera: +5%
	Crecimiento de cartera: 50,700 EUR
	    (1,014,000 EUR x 5%)
		Durante el año:
		Rentabilidad de la cartera: +5%
		Crecimiento de cartera: 51,106 EUR
		    (1,022,112 EUR x 5%)

A final de año: Cartera final: 1,056,000 EUR	A final de año: Cartera final: 1,064,700 EUR	A final de año: Cartera final: 1,073,218 EUR

Figura 44. Ejemplo de seguir durante 3 años la "Estrategia Dinámica de Vanguard". Se aplica un Porcentaje Constante del 4%, un límite superior de +5.0%, y un límite inferior de -2.5%. La cantidad inicial es 1 millón de EUR y se ignora la inflación.

Primer Año

Empezamos el primer año con 1 millón de EUR.

Calculamos la cantidad a extraer. El primer año es distinto a los demás, es simplemente la Estrategia de Porcentaje Constante, así que es el 4% del capital inicial. Extraemos esta cantidad a primeros de año.

Durante el año el resto de la cartera proporciona un rendimiento, que en este caso suponemos que es del 10%.

Al finalizar el año tenemos 1,056,000 EUR, que es con lo que comenzamos el segundo año.

Segundo Año

En el segundo año empezamos calculando la cantidad a extraer.

- La regla de Porcentaje Constante da 42,240 EUR (el 4% de la cantidad invertida en ese momento).

- El "límite superior" es 42,000 EUR, que es la cantidad extraída el año anterior, más un 5.0%, más la inflación si la hubiera.

- El "límite inferior" es 39,000 EUR, que es la cantidad extraída el año anterior, menos un 2.5%, más la inflación si la hubiera.

Como lo calculado por Porcentaje Constante (42,240 EUR) es mayor que lo calculado como "límite superior" (42,000 EUR), entonces nos quedamos con el "límite superior". Por lo tanto este segundo año extraemos 42,000 EUR de la cartera.

Durante el año el resto de la cartera proporciona un rendimiento del 5%.

Al finalizar el año tenemos 1,064,700 EUR, que es con lo que comenzamos el tercer año.

Tercer Año

En el tercer año empezamos calculando la cantidad a extraer.

- La regla de Porcentaje Constante da 42,588 EUR (el 4% de la cantidad invertida en ese momento).
- El "límite superior" es 44,100 EUR, que es la cantidad extraída el año anterior, más un 5.0%, más la inflación si la hubiera.
- El "límite inferior" es 40,950 EUR, que es la cantidad extraída el año anterior, menos un 2.5%, más la inflación si la hubiera.

Como lo calculado por Porcentaje Constante (42,588 EUR) se encuentra entre el "límite superior" (44,100 EUR) y el "límite inferior" (40,950 EUR), nos quedamos con lo calculado por Porcentaje Constante.

Durante el año el resto de la cartera proporciona un rendimiento del 5%.

Al finalizar el año tenemos 1,073,218 EUR.

5.6.2. Comentario

Esta estrategia tiene características intermedias entre la Capacidad de Compra Constante y el Porcentaje Constante.

Comparada con la Estrategia de Capacidad de Compra Constante, tiene como aspecto negativo una cierta variabilidad en las rentas. Pero a cambio se minimiza el riesgo de que la cartera se agote.

Además, como ajusta la renta extraída al valor de la cartera, cuando la cartera crece mucho se extraen más rentas, y así se evita que la cartera crezca excesivamente.

Y como nota final, al incorporar la flexibilidad, esta Estrategia Dinámica de Vanguard permite seleccionar al comienzo una Tasa Segura de Retiro mayor. Como ejemplo, el documento de Vanguard, en su figura 6, muestra que las dos estrategias siguientes son comparables (en ambos casos es una cartera 80%/20%, horizonte temporal a 30 años):

- Estrategia Capacidad de Compra Constante, con Tasa Segura de Retiro del **4.0%**.

- Estrategia Dinámica de Vanguard, con Porcentaje Constante del **4.8%**, "límite superior" +5.0%, y "límite inferior" -2.5%.

Fíjese que la diferencia es pasar de una Tasa Segura de Retiro de 4.0% a otra (mas o menos) Tasa Segura de Retiro de 4.8%. Si tiene una cartera de 600 kEUR, el 4.0% anual son 24 kEUR (2000 EUR/mes). Pero si es el 4.8% anual, eso son 28.8 kEUR anuales (2400 EUR/mes). Es un 20% más, una diferencia nada desdeñable. Eso sí, no son exactamente lo mismo. El 4.8% de la Estrategia Dinámica de Vanguard no es realmente una Tasa Segura de Retiro porque va cambiando con los años, pero sí que se puede decir que es justo el porcentaje que se extrae el primer año.

[1] https://www.justetf.com

[2] https://www.justetf.com/en/how-to/dividend-etfs-world.html

[3] https://www.justetf.com/en/how-to/dividend-etfs-europe.html

[4] https://us.spindices.com/idsenhancedfactsheet/file.pdf?calcFrequency=M&force_download=true&hostIdentifier=48190c8c-42c4-46af-8d1a-0cd5db894797&indexId=5475610

[5] https://www.spglobal.com/spdji/en/idsenhancedfactsheet/file.pdf?calcFrequency=M&force_download=true&hostIdentifier=48190c8c-42c4-46af-8d1a-0cd5db894797&indexId=1692178

[6] https://www.ishares.com/us/products/239500/ishares-select-dividend-etf

[7] https://www.ssga.com/us/en/intermediary/etfs/funds/spdr-sp-500-etf-trust-spy

[8] https://www.bolsamadrid.es/docs/SBolsas/InformesSB/FS-IbexTopDiv_ESP.pdf

[9] https://en.wikipedia.org/wiki/William_Bengen

[10] https://www.retailinvestor.org/pdf/Bengen1.pdf

[11] https://www.researchgate.net/profile/Philip-Cooley-2/publication/228707593_Sustainable_withdrawal_rates_from_your_retirement_portfolio/links/53eb64530cf26f1f689d60b1/Sustainable-withdrawal-rates-from-your-retirement-portfolio.pdf

[12] https://www.financialplanningassociation.org/article/journal/APR11-portfolio-success-rates-where-draw-line

[13] https://lahormigacapitalista.com/regla-4-por-ciento/

[14] https://earlyretirementnow.com/safe-withdrawal-rate-series/

[15] https://portfoliocharts.com/2015/09/08/why-your-safe-withdrawal-rate-is-probably-wrong/

[16] https://earlyretirementnow.com/

[17] https://portfoliocharts.com/

[18] https://papers.ssrn.com/sol3/papers.cfm?abstract_id=2920322

[19] https://es.wikipedia.org/wiki/Teor%C3%ADa_del_portafolio_moderna

[20] https://es.wikipedia.org/wiki/Modelo_de_tres_factores_de_Fama_y_French

[21] http://www.msci.com/resources/factsheets/index_fact_sheet/msci-world-index.pdf

[22] https://research.ftserussell.com/Analytics/Factsheets/Home/DownloadSingleIssue?issueName=AWD

[23] https://www.justetf.com/en/how-to/msci-world-etfs.html

[24] https://www.spglobal.com/spdji/en/indices/equity/sp-500/

[25] https://www.investopedia.com/terms/c/closetindexing.asp

[26] https://www.bankeronwheels.com/why-you-need-international-diversification/

[27] https://www.investopedia.com/terms/i/ira.asp

[28] https://www.investopedia.com/terms/1/401kplan.asp

[29] https://en.wikipedia.org/wiki/403(b)

[30] https://www.ssb.texas.gov/sites/default/files/TSSB_InvestGuide17_interactive_020616.pdf

[31] https://indexes.nikkei.co.jp/en/nkave

[32] https://www.kitces.com/wp-content/uploads/2014/11/Kitces-Report-May-2008.pdf

[33] **Por ejemplo** https://www.multpl.com/shiller-pe (los datos de este enlace son anuales anuales, y la Figura 36 son datos mensuales, por eso son parecidas pero no exactamente iguales).

[34] https://www.ine.es/ss/Satellite?c=INESeccion_C&cid=1259926380048&p=1254735110672&pagename=ProductosYServicios%2FPYSLayout

[35] https://www.bogleheads.org/wiki/Variable_percentage_withdrawal

[36] https://support.google.com/docs/answer/3093185?hl=es-ES

[37] https://www.nesteggly.com/blog/dynamic-swr-explained

[38] https://www.vanguardcanada.ca/documents/literature/dynamic-ret-spending-paper.pdf

Capítulo 6. Técnicas de Mejora

Como ya hemos comentado con anterioridad, elegir la estrategia para vivir de las inversiones consiste en elegir entre:

- Fijar la longevidad de la cartera de inversión, y estudiar qué rentas se pueden obtener de ella; o
- fijar las rentas a extraer de la cartera, y estudiar cuánto puede durar la cartera.

Las estrategias que se centran en la longevidad de la cartera tienen como aspecto positivo que la cartera no se va a agotar por sorpresa. Sin embargo, como aspecto negativo, las rentas obtenidas pueden ser muy variables año a año. Algún año permitiendo lujos opulentos, otros años por debajo del umbral de la pobreza. ¿Hay alguna forma de limitar esta variabilidad?

6.1. Fijar Cantidades Máximas y Mínimas a Retirar

Lo primero que se nos puede pasar por la cabeza es fijar máximos y mínimos a la cantidad retirada mensualmente o anualmente.

Además, estas cantidades máximas y mínimas se corrigen por la inflación, para que a largo plazo sigan teniendo sentido.

Así, a partir de nuestros gastos mensuales, conocemos cuál es la cantidad mínima que necesitamos extraer de la cartera. Idealmente tendrá un cierto margen de seguridad entre la cantidad a extraer mensualmente y la cantidad mínima que necesitamos.

Esto tiene sentido porque con estrategias como la de Porcentaje Constante, la cantidad extraída mensualmente puede llegar a ser muy pequeña.

De hecho, el poder disminuir las cantidades extraídas es un parámetro que ayuda mucho a que las carteras de las simulaciones no se agoten nunca. Aunque claro, reducir gastos es más fácil decirlo que hacerlo.

Por otro lado, pudiera ser que la cartera haya crecido mucho y que la aplicación de la estrategia correspondiente proporcione unos ingresos excesivos. En ese caso, lo razonable sería que toda cantidad más allá de un máximo se destine a afianzar la cartera, comprando activos menos volátiles.

Si la cartera creciera muchísimo, tal vez pueda incrementar la diversificación. Podría vender activos muy volátiles (como las acciones) para comprar otros más estables (bonos gubernamentales, anualidades de una aseguradora). De este modo reduciría la volatilidad de la cartera, a cambio de reducir también la rentabilidad esperada futura (porque la rentabilidad esperada le importaría poco, ya no la necesitaría).

Estas cantidades máximas y mínimas son muy dependientes de cada persona, por lo que no las simulamos. Pero si quiere, puede utilizar simuladores online para hacer pruebas, que tienen la ventaja de poder modificar multitud de parámetros y ver cómo afectan al resultado final. Vea por ejemplo:

- FI Calc[1]
- *Retirement Spending*[2] de *Portfolio Charts*

6.2. Estrategia de la Fundación de Yale

Esta no es una estrategia completa, sino una idea que puede mejorar otras estrategias.

Esta idea la implementa la Universidad de Yale en su fundación (*endowment*), y fue desarrollada por varios profesores suyos. El objetivo es reducir la volatilidad de las cantidades retiradas, hacer los cambios más suaves. ¿Cómo se puede conseguir esto?

Primero se estima la cantidad que habría que extraer este año. Supongamos que esta primera estimación es una cantidad proporcional a la inversión (igual que en la Estrategia de Porcentaje Constante): el 5% del capital invertido.

Después se calcula una media ponderada con el valor del año anterior, estando el valor anterior corregido por inflación.

Estimación (cada año) = 5% x capital invertido este año

Cantidad a retirar este año = 0.3 x estimación + 0.7 x cantidad
retirada el año pasado

Si le interesa saber más, en matemáticas e ingeniería esto es lo que se
llama un filtro de Kalman[3], y se usa cuando se toman medidas que son
muy cambiantes pero sabemos que hay un valor medio que tiene sentido.

La Figura 45 muestra un ejemplo de esta estrategia. Tenemos el
comportamiento del S&P 500 (datos de Shiller), una Estrategia de
Porcentaje Constante del 5% (extraer el 5% del valor de la cartera cada
año), y la corrección de la Estrategia de Porcentaje Constante teniendo en
cuenta el valor del año anterior.

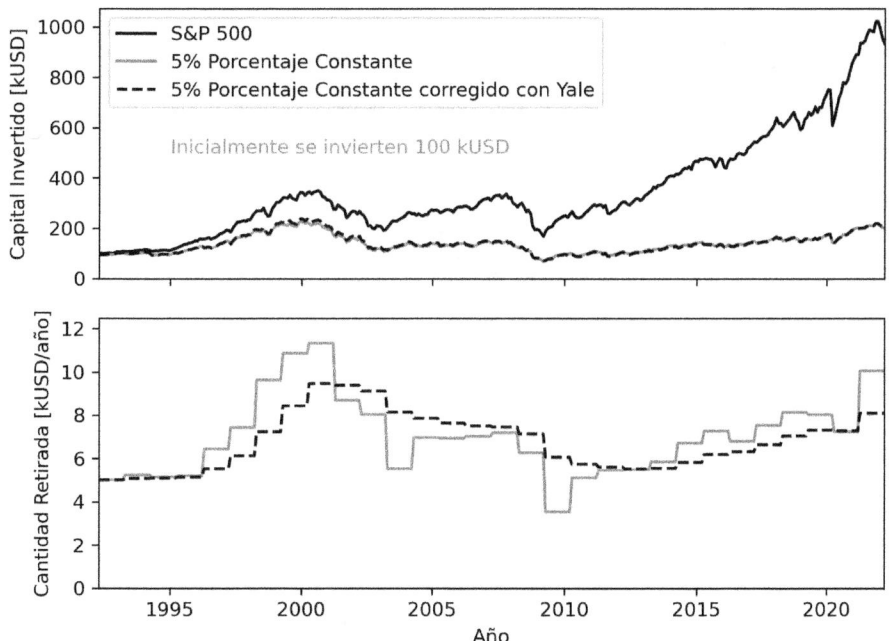

*Figura 45. Estrategia de Yale, comparada con una Estrategia de Porcentaje
Constante al 5%. En ambos casos aplicadas al mercado de acciones de EEUU.*

Fíjese en la Figura 45, en la gráfica inferior sobre las cantidades retiradas.
Con la Estrategia de Yale se limitan los extremos (el máximo y el mínimo
retirados son menores que para la Estrategia de Porcentaje Constante), a
cambio de desplazar la curva ligeramente hacia la derecha (que nos da

igual), y sin que el valor total de la cartera se altere de manera relevante (gráfica superior). Con todo esto se consigue que:

- La cantidad retirada cambie poco a poco, con una volatilidad menor que la Estrategia de Porcentaje Constante, que es otra mejora.

- Es muy poco probable que la cartera se agote, al igual que en el caso de la Estrategia de Porcentaje Constante.

- La cantidad retirada cambie con las condiciones del mercado. Cuando el mercado sube, la Tasa de Retiro crece. Y viceversa. Esto nos permite aprovechar la situación del mercado, que es una mejora con respecto a la Estrategia de Capacidad de Compra Constante.

[1] https://FIcalc.app

[2] https://portfoliocharts.com/portfolio/retirement-spending/

[3] https://es.wikipedia.org/wiki/Filtro_de_Kalman

Capítulo 7. Aplicación

Ya hemos conocido las principales estrategias para extraer rentas de las inversiones.

Hay otras estrategias, puede buscarlas en el Capítulo 8, pero son más complejas y no son prácticas porque no nos permiten estimar las rentas futuras con facilidad.

Basándonos en las estrategias que hemos estudiado, ya podemos establecer unas conclusiones y tomar ideas que pueden mejorar nuestras propias inversiones.

La Estrategia de Capacidad de Compra Constante es la estrategia más importante. Es sencilla y nos permite predecir nuestra capacidad de compra futura, así que es la base de esta sección.

Como hemos visto, la realidad es complicada e incierta. Hagamos los cálculos que hagamos, las simulaciones, los estudios históricos... la seguridad completa no existe.

No parece que se pueda decir más que "la Tasa Segura de Retiro está entre 3% y 4%". O que "4%, que tras tener en cuenta pequeñas ineficiencias y margen adicional, queda en 3%". O que "seguir la regla del 4%, cuando la bolsa suba gastar un poco más, cuando la bolsa baje gastar un poco menos."

Pero ojo, porque pequeñas diferencias en la Tasa Segura de Retiro tienen enorme importancia. Entre una Tasa Segura de Retiro del 3% y otra del 4% solo hay un 1% de diferencia, que podría parecer poco, pero es relevante.

Imaginemos que tiene 600 kEUR ahorrados e invertidos, y tiene en mente una Tasa Segura de Retiro entre el 3% y el 4%. Bajar del 4% (2000 EUR/mes) al 3% (1500 EUR/mes) representa una bajada de 500 EUR/mes, del 25%. Por ello, un 1% en la Tasa Segura de Retiro puede parece poca cosa, pero es una cifra relativamente grande.

7.1. Factores a Tener en Cuenta

En las siguientes secciones vamos a nombrar los factores que afectan a la Tasa Segura de Retiro (o a la Tasa Perpetua de Retiro), y cómo podríamos

estimar estos parámetros. Estos factores ya los hemos comentado en la
Sección 5.4.

Esta es una aproximación sencilla, los factores no tienen por qué ser
aditivos. Esto es, el efecto combinado de varios de estos factores juntos no
tiene por qué ser exactamente la suma de esos factores. Pero aunque esto
no sea exacto, nos vale en primera aproximación, porque el futuro a 30 o
60 años vista es aún más impredecible que unas décimas aquí o allá.

La Figura 46 presenta de manera intuitiva cómo diversos factores afectan
a la Tasa Segura de Retiro.[1] En el caso de la distribución de activos de la
cartera, por ejemplo, la cartera "conservadora" se refiere a una cartera
compuesta fundamentalmente por deuda pública, y la "arriesgada" a otra
compuesta fundamentalmente por acciones de empresas.

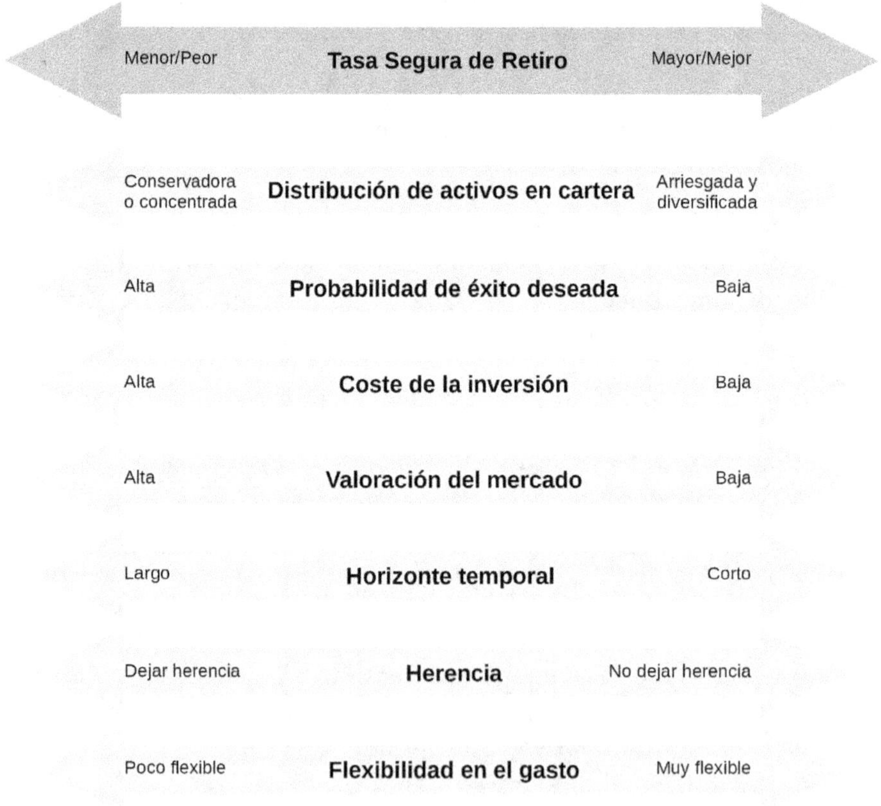

Menor/Peor	Tasa Segura de Retiro	Mayor/Mejor
Conservadora o concentrada	Distribución de activos en cartera	Arriesgada y diversificada
Alta	Probabilidad de éxito deseada	Baja
Alta	Coste de la inversión	Baja
Alta	Valoración del mercado	Baja
Largo	Horizonte temporal	Corto
Dejar herencia	Herencia	No dejar herencia
Poco flexible	Flexibilidad en el gasto	Muy flexible

*Figura 46. Factores que afectan a la Tasa Segura de Retiro. Basado en el
documento "A rule for all seasons: Vanguard's dynamic approach to retirement
spending".*

7.1.1. Distribución de Activos de la Cartera

Según los estudios más conocidos (el estudio *Trinity*, Bengen, etc.), ya sabemos que las carteras basadas fundamentalmente en acciones y bonos proporcionan Tasas Seguras de Retiro del orden del 4%. La Tabla 17 muestra las Tasas Seguras de Retiro de varias carteras, calculadas a 30 años y con una probabilidad de éxito del 95%.

Tabla 17. Tasas Seguras de Retiro de diferentes carteras. Basado en datos de "Portfolio Charts".

Cartera	Tasa Segura de Retiro
Weird Portfolio	5.1%
Golden Butterfly	5.0%
All Seasons	4.6%
Cartera Permanente	4.5%
60%/40%	4.1%
40%/60%	4.1%
Rick Ferri 4	3.8%
80%/20%	3.8%
100% acciones	3.4%

Como vemos, valores típicos de la Tasa Segura de Retiro se encuentran entre 3.4% y 5.1%. Sea como sea, más vale no ser excesivamente optimista en este punto. Son datos históricos, así que recuerde:

Rentabilidades pasadas no aseguran rentabilidades futuras.

El ideal es que la cartera tenga alta rentabilidad y baja volatilidad.

Una cartera compuesta por 100% acciones proporciona alta rentabilidad esperada, pero también alta volatilidad. Por ello puede no ser la mejor opción.

Una combinación de acciones y bonos, con mayor proporción de bonos cuanta más estabilidad se necesite, puede mejorar la Tasa Segura de Retiro. Una cartera compuesta por acciones y bonos gubernamentales es la base de las demás carteras, y es por sí misma una cartera muy buena. Este estilo es conocido popularmente como estilo Bogleheads. Si no tiene claro por dónde empezar, empiece leyendo los libros y los foros de los Bogleheads.

Si se siente aventurero, tal vez quiera elegir una Cartera Permanente o una *Golden Butterfly*. Al elegir una de estas carteras se supone que puede obtener una Tasa Segura de Retiro mejor que con una cartera tradicional, pero ojo porque esto está basado en datos históricos y el futuro puede no repetirse.

7.1.2. Probabilidad Aceptable de Éxito

Todas estos cálculos se han hecho suponiendo un 95% de éxito para cumplir los objetivos (típicamente que transcurran 30 años sin agotar la cartera).

Como muestra la Tabla 18, suponiendo una cartera 60%/40%, si queremos un 99% de seguridad entonces nuestra Tasa Segura de Retiro empeora en -0.8%, y si nos vale un 90% de seguridad entonces nuestra Tasa Segura de Retiro mejora en +0.6%.

Tabla 18. Cartera 60%/40%, probabilidad de éxito para varias Tasas de Retiro.

Probabilidad de Éxito	Tasa Segura de Retiro	Diferencia con Respecto a 95% de Éxito
90%	4.7%	+0.6%
95%	4.1%	-
99%	3.3%	-0.8%

No hay certeza absoluta, es estadística, en cierto modo todo es posible.

Esto tiene sentido porque hay que tener en cuenta la probabilidad de estar muerto. Si la probabilidad de llegar vivo a 120 años fuera del 1% ¿qué importancia tiene que de ese 1%, el 90%/95%/99% de las veces la cartera se agote a esa edad? Son casos de probabilidad insignificante con respecto al total de casos posibles.

7.1.3. Coste de la Inversión

Ojo al coste de la cartera. El coste anual (por ejemplo el coste de los fondos, el OCF, *Ongoing Charges Figure*) rebaja ligeramente la Tasa Segura de Retiro.

El efecto del coste en la Tasa Segura de Retiro es más o menos de la mitad. Esto es: Si tenemos fondos caros, que nos cuestan un 2%/año, es de esperar que nuestra Tasa Segura de Retiro baje -1%.

Si tenemos fondos baratos indexados, cuyo coste puede ser de 0.4%/año (contando con que 0.3%/año son las pérdidas típicas por doble imposición internacional de dividendos). Esto implica que nuestra Tasa Segura de Retiro bajaría en aproximadamente -0.2%.

Si alguien invierte en acciones individuales, y consigue no tener gastos de mantenimiento, y que le devuelvan cualquier exceso de impuestos pagados por la doble imposición internacional a los dividendos, entonces perfecto, no hay coste en este apartado.

Tabla 19. Efecto del coste de la inversión en la Tasa Segura de Retiro.

Ejemplo	Coste Anual	Efecto en la Tasa Segura de Retiro
Inversión en acciones por uno mismo	0.0%	-
Típicos fondos **pasivos**	0.4%	-0.2%
Típicos fondos **activos**	2.0%	-1.0%

7.1.4. Riesgo País

Otro elemento importante de la composición de la cartera es su diversificación para eliminar el "riesgo país". Los estudios en los que se basa la regla del 4% se han realizado con datos solo de EEUU. A la bolsa de EEUU le ha ido excepcionalmente bien durante los siglos XX y XXI, mostrando una rentabilidad promedio anual a largo plazo un 1% superior a la del conjunto del mundo (esto es, con respecto a invertir en índices como el *MSCI World*[2] o el *FTSE Developed World*[3]). Como ya hemos visto, este 1% de rentabilidad menor que ha obtenido el mundo se traslada a un 0.5% de Tasa Segura de Retiro menor que los documentados en carteras de solo EEUU.

Pero raspar un pequeño porcentaje es lo de menos. Si la inversión está concentrada, toda ella puede desaparecer en el caso de que estalle una guerra (véase la historia de Europa durante el siglo XX), revoluciones, o simplemente que una sociedad rica decida suicidarse (Venezuela, Argentina).

Tabla 20. Cartera 60%/40%, probabilidad de éxito para varias Tasas de Retiro.

Diversificación	Cambio en la Tasa Segura de Retiro	Comentario
Solo EEUU	-	La regla del 4% se justifica por series históricas de EEUU.
Mundial	-0.5%	La rentabilidad de índices mundiales ha sido un 1% anual menor que la de EEUU.

7.1.5. CAPE y Valoración del Mercado

El hecho de que el mercado bursátil esté relativamente caro o barato modifica la Tasa Segura de Retiro. Como en estos tiempos (año 2022) el CAPE está relativamente caro (CAPE>20), en primera aproximación podemos suponer que la Tasa Segura de Retiro no cambia (ver la Tabla 21). Sin embargo, si en el futuro el CAPE baja, la Tasa Segura de Retiro podría ser +0.5% o +1.0% mayor.

Tabla 21. Sugerencia para modificar la Tasa Segura de Retiro en función del CAPE al comienzo del periodo de 30 años. Datos de Shiller hasta 2008. Cartera 60/40. Es la Figura 9 del informe "Resolving the Paradox – Is the Safe Withdrawal Rate Sometimes Too Safe?".

CAPE	Tasa Segura de Retiro en el informe	Diferencia con respecto a CAPE>20
>20 (mercado sobrevalorado)	4.5%	-
Entre 12 y 20 (valor promedio)	5.0%	+0.5%
<12 (mercado infravalorado)	5.5%	+1.0%

Nota: No se preocupe por los valores absolutos (4.5%-5.5%) de la Tabla 21, sino por los relativos. Estos valores están calculados en ese estudio con otras suposiciones. Lo importante es que cabe esperar +0.5% o +1.0% de mejora en la Tasa Segura de Retiro cuando el CAPE es bajo.

7.1.6. Riesgo de Longevidad

Veamos ahora la duración que deseamos para la cartera.

Lo habitual es considerar una duración de 30 años, que es una cifra muy válida como norma general. Sin embargo, para FIRE es más razonable suponer duraciones mucho más largas, como de 60 años, porque alguien podría dejar de trabajar a los 40 años y esperar vivir hasta los 100 años.

Según *Early Retirement Now*[4], alargarlo a 60 años implica un pérdida en la Tasa Segura de Retiro de 0.5% para una cartera compuesta por 100% acciones o 0.7% para una cartera 50% acciones y 50% bonos gubernamentales.

Tabla 22. Efecto de la longevidad de la cartera en la Tasa Segura de Retiro

Longevidad Necesaria	Cambio en la Tasa Segura de Retiro	Comentario
30 años	-	Los estudios habituales están normalmente realizados a 30 años vista.
60 años	-0.8%	A mayor longevidad, menor Tasa Segura de Retiro.

7.1.7. Dejar Herencia

Si no tenemos pensado dejar herencia, o si no es un requisito indispensable, podemos usar la Tasa Segura de Retiro (SWR en inglés).

Pero si queremos dejar herencia, entonces mejor considerar la Tasa Perpetua de Retiro (PWR por sus siglas en inglés, *Perpetual Withdrawal Rate*), que asegura preservar el capital.

La Tasa **Perpetua** de Retiro es mucho más restrictiva que la Tasa **Segura** de Retiro, típicamente -1.5% más baja.

Tabla 23. Para dejar herencia, usar la Tasa Perpetua de Retiro en vez de la Tasa Segura de Retiro.

Tasa de Retiro	Cambio en la Tasa de Retiro	Comentario
Tasa **Segura** de Retiro	-	Los estudios se basan en la Tasa Segura de Retiro, que consiste en que la cartera no se agote en 30 años.
Tasa **Perpetua** de Retiro	-1.5%	Con la Tasa Perpetua de Retiro, tras 30 años la capacidad de compra de la cartera será la misma que al principio.

7.2. Ejemplos Prácticos

Los siguientes son algunos casos prácticos que podemos tener en mente. Son situaciones mas o menos realistas, en el sentido de que se puede argumentar por qué se ha elegido una cifra u otra. Sin embargo, todo esto es una aproximación. La realidad es más compleja, tanto la bolsa como nuestras vidas, así que no tiene sentido preocuparse por unas décimas de porcentaje arriba a abajo. La Tasa Segura de Retiro apropiada para cada persona solo puede conocerse *a posteriori*. Habrá que ver en 30 o 60 años cómo está el mundo.

Fíjese que en 1962, hace 60 años, el mundo se encontraba en la Guerra Fría entre el bloque occidental y el bloque socialista, se produjo la Crisis de los Misiles de Cuba, Yuri Gagarin acababa de ser la primera persona en el espacio, Argelia se independizó de Francia, se empezó a desarrollar el avión *Concorde*, comenzó el Concilio de Vaticano II, se suicidó Marilyn Monroe, el año antes Alemania del Este había construido el Muro de Berlín, 2 años antes se había formado el grupo The Beatles, etc. El mundo era muy distinto.

En esta sección calculamos una Tasa Segura de Retiro razonable para diferentes situaciones, sumando o restando pequeñas contribuciones. Esta es una aproximación muy grosera. El objetivo es poder dar un valor inicial con un cálculo rápido, pero realmente habría que rehacer las simulaciones con esos parámetros de entrada.

7.2.1. Caso Típico Jubilado

En primer lugar vamos a mostrar un caso típico. Este sería el caso de un inversor que, al llegar a la edad habitual de jubilación, implementara directamente la regla del 4%.

Como los estudios habituales (Bengen, *Trinity*) no tuvieron en cuenta ni el coste de las inversiones ni el efecto de invertir con máxima diversificación (no solo en EEUU), tenemos ambos en cuenta ahora.

Tabla 24. Caso de un típico jubilado.

	Argumentación
4.1%	Cartera mixta habitual, por ejemplo compuesta por 60% acciones internacionales y 40% de bonos gubernamentales en nuestra propia moneda.
	- Probabilidad habitual: 95% de éxito.
	- Valoración del mercado: El CAPE es alto, no aplicamos ninguna modificación.
-0.2%	Coste de la cartera: indexados, 0.4%/año.
-0.5%	Riesgo país: Inversión diversificada a nivel mundial, que ha proporcionado una rentabilidad ligeramente peor que los datos históricos de EEUU.
	- Riesgo de longevidad: 30 años, la duración habitual.
	- Herencia: no se deja.
3.4%	**Tasa Segura de Retiro sugerida**

7.2.2. Caso Optimista

En este caso vamos a ser muy optimistas. ¿Cuál podría ser la mayor Tasa Segura de Retiro a la que podemos aspirar de manera razonada? Por ejemplo invirtiendo en la cartera que históricamente ha proporcionado mejor Tasa Segura de Retiro,

Tabla 25. Caso optimista.

	Argumentación
5.1%	Cartera: *Weird Portfolio,* muy diversificada en clases de activos descorrelacionados, que ha proporcionado históricamente una Tasa Segura de Retiro del 5.1%.
+0.8%	Probabilidad aceptable de éxito: nos vale un 90% de éxito, que es una condición más relajada que el 95% habitual. Esto permite incrementar la Tasa Segura de Retiro esperada.
-	Valoración del mercado: El CAPE es alto, no aplicamos ninguna modificación.
-0.2%	Coste de la cartera: indexados, 0.4%/año.
-	Riesgo país: Utilizamos los resultados históricos de EEUU. Ojo que esto es muy optimista.
-	Riesgo de longevidad: 30 años, la duración habitual.
-	Herencia: no se deja.
5.7%	**Tasa Segura de Retiro sugerida**

7.2.3. Caso Típico FIRE

Los casos anteriores son aplicables a alguien que se jubile con normalidad, a los 67 años. Veamos ahora alguien que necesite que la cartera tenga una duración mucho mayor, un caso habitual de FIRE.

La Tasa Segura de Retiro disminuye con la duración de la cartera, pero al mismo tiempo la probabilidad de éxito pierde importancia. Esto sucede porque la probabilidad de fallo de la cartera (de no aguantar 60 años) pasa a ser irrelevante comparada con la probabilidad de que hayamos muerto. Vea la Figura 40 para una imagen muy clarificadora.

Tabla 26. Ejemplo práctico: alguien que quiere jubilarse lo antes posible, típico caso de FIRE.

	Argumentación
4.1%	Cartera: compuesta por 60% acciones y 40% bonos, típico valor de la Tasa Segura de Retiro.
+0.6%	Probabilidad aceptable de éxito: 90% en vez de 95%. Esto tiene sentido porque el hecho de que la cartera tenga una probabilidad del 90% de éxito y un 10% de fallo es un asunto menor. Antes de preocuparnos por la cartera, miremos nuestra salud, y en 60 años estaremos muertos casi con total seguridad. Poco importa lo que le suceda a la cartera entonces.
-	Valoración del mercado: El CAPE es alto, no aplicamos ninguna modificación.
-0.2%	Coste de la cartera: indexados, 0.4%/año
-0.5%	Riesgo país: Inversión diversificada a nivel mundial
-0.8%	Riesgo de longevidad: 60 años
-	Herencia: no se deja.
3.2%	**Tasa Segura de Retiro sugerida**

7.2.4. Caso 100% Acciones

Invertir solo en acciones del propio país (o de países cercanos, como invertir en empresas europeas desde España) es algo ineficiente desde la perspectiva de las finanzas profesionales, pero es habitual en la comunidad de inversores aficionados. ¿Qué cabe esperar de esta forma de invertir?

Esta forma de invertir tiene dos defectos: el riesgo país, y la no diversificación por clases de activos. Afortunadamente estos riesgos son fáciles de corregir, porque hoy en día "comprar el mundo" y activos diversificados es baratísimo.

Tabla 27. Ejemplo práctico: inversor 100% en acciones, muy concentrado en su país.

	Argumentación
3.4%	Cartera: compuesta por 100% acciones de inversión del propio país (datos de EEUU), típico valor de la Tasa Segura de Retiro.
-	Probabilidad aceptable de éxito: la normal, 95%
-	Valoración del mercado: El CAPE es alto, no aplicamos ninguna modificación.
-	Coste de la cartera: supongamos que ninguno, porque no se paga por gestión a ningún fondo de inversión (no pagamos OCF) y pudiera ser que no se pague mantenimiento de cuenta (u otros gastos proporcionales al capital invertido).
-0.0%	Riesgo país: Inversión concentrada en un único país (¿el nuestro?), y suponemos (de manera muy optimista) que la rentabilidad de estas empresas va a ser similar a la rentabilidad histórica de las empresas de EEUU, y superior al promedio de las empresas globales.
-	Riesgo de longevidad: 30 años, la duración habitual.
-	Herencia: no se deja.
3.4%	**Tasa Segura de Retiro sugerida**

7.2.5. Caso Dejando Herencia

Hasta ahora hemos puesto como condición que la cartera no puede agotarse hasta finalizar el plazo impuesto (30 o 60 años). Supongamos ahora que queremos que al finalizar los 30 años la cartera se encuentre como al principio, que en el peor de los casos haya mantenido su capacidad de compra.

Tabla 28. Ejemplo práctico: inversor en la Cartera Permanente, muy diversificado, que quiere dejar herencia.

	Argumentación
4.5%	Cartera: Cartera Permanente.
-	Probabilidad aceptable de éxito: la normal, 95%
-	Valoración del mercado: El CAPE es alto, no aplicamos ninguna modificación.
-0.2%	Coste de la cartera: indexados, 0.4%/año
-0.5%	Riesgo país: Inversión diversificada a nivel mundial
-	Riesgo de longevidad: 30 años, la duración habitual.
-1.5%	Dejar herencia: Se usa la Tasa Perpetua de Retiro (PWR) en vez de la Tasa Segura de Retiro (SWR).
2.3%	**Tasa Perpetua de Retiro sugerida**

[1] **Fuente:** https://www.vanguardcanada.ca/documents/literature/dynamic-ret-spending-paper.pdf

[2] http://www.msci.com/resources/factsheets/index_fact_sheet/msci-world-index.pdf

[3] https://research.ftserussell.com/Analytics/Factsheets/Home/DownloadSingleIssue?issueName=AWD

[4] https://earlyretirementnow.com/

Capítulo 8. Recursos

Los temas que hemos mostrado aquí están también tratados en nuestros libros (cuyos capítulos son una recopilación de los posts de nuestra web, "Los Revisionistas",[1] así que no necesita comprar los libros):

- "Libertad Financiera con ETFs".[2] Donde se habla del ahorro, la inversión, los ETFs, la Libertad Financiera, todo desde nuestra perspectiva personal.

- "Carteras para Pequeños Inversores".[2] En este libro se comentan carteras de inversión que son fáciles de implementar por personas normales y corrientes.

Otros libros relevantes son estos:

- "Cómo vivir de las rentas", de Josan Jarque. Un libro que muestra cómo vivir de los ingresos generados por empresas que reparten dividendos. Proporciona mucha información, no solo sobre la inversión en sí, sino también sobre el ahorro y las dificultades que se encuentran por el camino. Muy recomendable.

- *The 4% Rule: Safe Withdrawal Rates in Retirement*, por Todd Tresidder. Un libro justo sobre este mismo tema. Trata bien el tema, pero es corto y con pocas figuras explicativas.

Ejemplos de calculadoras sobre Libertad Financiera:

- La web *Financial Independence Calculator*, FI Calc[3], creada por un ingeniero de *Silicon Valey* que se hace llamar James. Tiene muchas opciones.

- Una buenísima: *Post-retirement FIRE calculator*[4]. Fíjese que lo más probable a largo plazo... es estar muerto, más probable incluso que acabar en la ruina.

- *Charts*[5], que forma parte de la web de *Portfolio Charts*[6], es excepcional porque proporciona multitud de simulaciones distintas, cada una enfocada en un tema en particular. Está creado por Tyler, un aficionado a las finanzas personales.

Fuentes de información sobre carteras, sus rentabilidades históricas, volatilidades, etc.:

- *Portfolio Charts,*[6] que hemos indicado en el párrafo anterior. Muy recomendable.

- *Portfolio Visualizer,*[7] que contiene un montón de información sobre fondos de inversión en los Estados Unidos.

- Serie histórica del comportamiento general de la bolsa de EEUU, proporcionada por Robert J. Shiller[8] (premio Nobel de economía en 2013) a través de su página web.[9] Los datos comienzan en 1871. La bolsa de EEUU ha cambiado mucho desde entonces. Robert J. Shiller indica que se refiere al "S&P Composite", que podría entenderse como el S&P Composite 1500[10]. El "S&P Composite 1500" agrupa al 90% de la capitalización de las empresas de EEUU, en tres subíndices: el famoso S&P 500[11] (gran capitalización), el S&P MidCap 400 (media capitalización), y el S&P SmallCap 600 (pequeña capitalización). En este libro equiparamos los datos de Shiller con el S&P 500, porque son prácticamente equivalentes y por comparar de manera sencilla con otras fuentes de datos.

Otras fuentes de información:

- La Hormiga Capitalista tiene un texto muy interesante sobre el tema: "La regla del 4%: Lo que dicen los estudios y mi opinión personal".[12]

- La web *Early Retirement Now*[13] tiene la llamada *Safe withdrawal rate series,*[14] donde hay muchísima información sobre tasas de retiro seguras y estrategias (en 2022 hay 53 posts sobre el tema). Es una auténtica enciclopedia. Hay tanta información, que mejor empezar por su artículo *Safe Withdrawal Rates: A Guide for Early Retirees.*[15] Es sin duda muy recomendable.

- El foro de Bogleheads.org tiene mucha información también, por ejemplo en su wiki:

  ○ *Safe withdrawal rates.*[16]

  ○ *Withdrawal methods.*[17]

[1] https://losrevisionistas.wordpress.com/

[2] https://losrevisionistas.wordpress.com/libros/

[3] https://ficalc.app/

[4] https://engaging-data.com/will-money-last-retire-early/

[5] https://portfoliocharts.com/charts/

[6] https://portfoliocharts.com

[7] https://www.portfoliovisualizer.com/

[8] https://es.wikipedia.org/wiki/Robert_J._Shiller

[9] http://www.econ.yale.edu/~shiller/data.htm

[10] https://www.spglobal.com/spdji/en/indices/equity/sp-composite-1500/

[11] https://www.spglobal.com/spdji/en/indices/equity/sp-500/

[12] https://lahormigacapitalista.com/regla-4-por-ciento/

[13] https://earlyretirementnow.com

[14] https://earlyretirementnow.com/safe-withdrawal-rate-series/

[15] http://ssrn.com/abstract=2920322

[16] https://www.bogleheads.org/wiki/Safe_withdrawal_rates

[17] https://www.bogleheads.org/wiki/Withdrawal_methods

Agradecimientos

Al Príncipe de la Tinieblas, latifundista en Alemania, por ser el iniciador de todo esto, el primer inversor que conocimos. Que se encuentra más allá de la Libertad Financiera, y que no deja de trabajar porque "si no, no podría venir a tomarme un café con los amigos".

Al Funambulista Kantiano, sabio renacentista en pleno siglo XXI, por nuestras conversaciones a lo largo de los años. La de planes que nos quedan por hacer. Quién pudiera escribir como tú.

A *What Life Could Be* (la pareja detrás de "FIREhub.eu") y *Cheesy Finance*, que con sus blogs y sus quedadas fueron un gran empuje para la comunidad de Libertad Financiera en Europa.

A nuestros Vecinos alemanes plurilingües, por habernos tratado tan bien y haberos atrevido a hacer estas cosas tan raras de las inversiones.

A los Zorromollos, valientes exploradores, siempre embarcados en una nueva aventura, no sabéis cuánta energía nos dais.

A la gente de la quedada del "FIRE en Madrid 2019"[1], en particular a Juan Mr 4%, a Super Mario, y al Vikingo Inversor. Muy buenas las charlas con vosotros.

A Jesús, Homo Investor, Chica Cripto, Juan, Nacho Azores, Oscar, Edu y al resto que vinieron a la cita a ciegas del "Campamento Al Fin Libre en 2022"[2]. Qué cantidad de personas excepcionales.

A la comunidad de pequeños inversores, en particular a los grupos españoles en redes sociales, a los Bogleheads, a la gente de la Cartera Permanente, y a los organizadores de las Jornadas de Independencia Financiera de Valencia. Qué gran labor de divulgación la que están haciendo.

Y finalmente al software de código abierto: Este libro ha sido escrito en formato AsciiDoc[3], se generaron los ficheros PDF[4] y EPUB[5] con Asciidoctor[6], con gráficas creadas con el lenguaje de programación Python[7], diagramas con LibreOffice[8], imágenes editadas con Gimp[9], y todo esto corriendo en GNU/Linux[10] como sistema operativo.

[1] https://losrevisionistas.wordpress.com/2019/10/25/fire-in-madrid-2019/

[2] https://alfinlibre.net/campamento-al-fin-libre/

[3] https://asciidoc.org

[4] https://www.adobe.com/acrobat/about-adobe-pdf.html

[5] https://www.w3.org/publishing/epub3/

[6] https://github.com/asciidoctor/asciidoctor

[7] https://www.python.org

[8] https://www.libreoffice.org

[9] https://www.gimp.org/

[10] https://www.gnu.org/home.en.html

Descargo de Responsabilidad

Este libro se ha escrito fundamentalmente por curiosidad y resolver nuestros propios problemas. Tiene un propósito divulgativo, por fomentar la discusión, por dar a conocer mucha información que existe en la academia y el entorno de finanzas profesionales, información que no se encuentra fácilmente accesible para los inversores aficionados.

Aquí describimos nuestra forma de invertir. Tenga en cuenta que podría no ser apropiada para otros inversores.

La inversión implica riesgo, y podría llevar a la pérdida de lo invertido.

Rentabilidades pasadas no aseguran rentabilidades futuras.

No somos asesores financieros. Nada de lo que hay aquí escrito es una recomendación de compra de un producto determinado.

En este libro no hay enlaces de afiliados (enlaces en los que si usted pincha, será redireccionado a una web para hacer compras). Ninguno nos genera ingresos, todos son enlaces directos a las fuentes originales. No hay ningún intermediario para medir tráfico ni nada parecido.

Tampoco tenemos ninguna relación con las empresas que aquí se nombran, específicamente con ningún gestor de fondos, broker, ni banco de inversión. Ni trabajamos para ellas ni recibimos ningún ingreso ni contrapartida.

Los autores de este libro no se hacen responsables de cualquier pérdida o daño que pueda producirse por la información proporcionada en este libro.

Si necesita asesoramiento financiero, contacte a un profesional.

Enlace a Amazon

Finalmente, si le ha gustado mucho el libro, tal vez quiera hacerlo saber. Nos haría un favor si dejase un comentario en la web donde lo compró o a través de las redes sociales que utilice.

Figura 47. Código QR que contiene el enlace a este libro en Amazon [https://www.amazon.es/dp/B0BHXF4D7W/].

Índice Alfabético

www.ingramcontent.com/pod-product-compliance
Lightning Source LLC
Chambersburg PA
CBHW070321240526
45468CB00025B/1326